障害のある方と共に働く

人の可能性を拡げるために
必要な前提と技術

Assumptions and techniques

汐中 義樹

はじめに

本書は、障害のある方の可能性を拡げる「関わり方・教え方」について、共に働かれる方に向けて書いたものです。「どうやって仕事を覚えてもらえばいいのか」「仕事を教える基本が知りたい」「障害者の人と関わったことがない」といった皆さんの疑問や不安が、少しでも解消されることを目的にしています。

さて、皆さんはすでに他の優れた書籍から、障害種、障害特性、合理的配慮などについて学ばれたかもしれません。

そして同時にこう思われていませんか？

「障害って難しい」「奥が深すぎて逆に不安になってきた」

私は皆さんに「障害が簡単なもの」とお伝えするつもりは毛頭ありませんが、あまりにも理解に心理的な壁を感じてしまうと、「障害者」や「障害者雇用」に対してもネガティブな感情が芽生えかねません。

かつて私も苦労したことですが、障害に関する書籍や文献を読んでも、聞いたこともないような医療用語や専門用語などが飛び交っていて、理解が進まないどころか混乱すらしたものです。そして多くの人は「障害者の方と働くには、たくさんの専門用語を覚えないといけない。」といった間違った考えに囚われてしまいます。

障害について広く理解していくことはとても大切で必要なことですが、難しい言葉を覚えたり、専門用語を使えるようになったりすることは、（医療現場はさておき）ビジネスの現場では求められていません。私たちに大切なのは、〝その人〟を理解し、一緒に仕事をしていくパートナーとして関わることです。

本書は、1冊目で読まれたであろう専門的な書籍よりも、平易で読みやすいよう構成しました。専門用語や障害特性に関してはあまり触れていないので、勉強熱心な方には「物足りない」と感じられるかもしれませんが、本書のコンセプトをご理解頂いた上で読んでいただけると幸いです。

ちょっとだけ自己紹介をさせてください。私は大学・大学院で教育学を修めた後、公立の小学校と特別支援学校で教鞭を執りました。現在は、企業さまの障害者雇用を「人材開発」によって支援させて頂いています。

教育現場とビジネスの現場の両方に関わらせて頂いて分かったのは、学校と企業とは、存在意義や存在目的といった「頭の先」から、現場で扱う考えや言葉といった「足の先」まで、何もかも違うということです。当然、「人」に関しての考えも違ってきます。「障害」について書かれた本を見渡すと、「特別支援教育」は教育現場向けですし、「障害者雇用」はビジネス領域向けです。よく言えば棲み分けができていますが、悪く言うとお互いの領域内でしか知見が行き来していません。

大胆に換言すると、学校は人が成長することで、どうやってよりよい生き方に繋げられるかについて考え、企業は人が成長することで、どうやって事業の成長に繋げるかを考えています。どちらが良い、悪いということではなく、そもそも存在意義が違うのです。

学校には、人の成長を生き方として捉える「関わり方や教え方」のノウハウが散りばめられています。そのノウハウの移転が、障害者雇用がより進んでいくヒントになると思っています。だからこそ、学校現場の知見とビジネス現場の架け橋が必要で、それが本書なのです。

ただし本書は「教え方」や「関わり方」のスキルに偏りすぎないように気をつけています。相手の立場を無視して「教え方」や「関わり方」を実践することは誰も望んでいません。障害に関する基本的な理解は深めていきながら、相手意識を持って「教え方」や「関わり方」を身につけられるよう、第1章〜第3章では知っておいてもらいたい前提知識を、第4章では具体的スキルを、という構成になっています。

第1章では障害者の方との出会いについて考えます。皆さんが理解しようとしているのは、「障害」ではなく「人」です。「人」を理解するために「障害」について知るのです。ここを見失わないように、まずは一期一会の出会いを噛み締めてもらいたいなと思います。また、障害者の方と関わる上で保護者の方は大事な存在です。教員時代をふりかえりながら、保護者との良好な関係の築き方も触れています。

第2章では、障害者雇用の動向について考えます。企業の課題感は大きく変わることはありませんが、雇用率を含めた「最近」の動向は、目まぐるしく変遷しております。本書の情報もあっと言う間に陳腐化してしまいますから、第2章では障害者の方との協働を「チーム論」や「ワーク・エンゲージメント」という普遍的な視点で考えていきます。

第3章は「教える」について、教育現場で用いられる指導の原理原則や、子どもと大人への教え方の違いについて考えます。また、大事な考え方として「配慮はしても遠慮はしない」という指導スタンスにも触れています。

最終章となる第4章では、「関わり方」と「教え方」に分けて具体的なスキルについて考えます。特に大切なポイントを3つずつ絞ってお伝えしています。また、コラムでは特別支援学校の教育活動や先生方へのインタビューを掲載しています。

さてここで「人に教える」について少しだけ私見を述べさせてください。私は教育現場において実践も研鑽もたくさんしてきました。現在も研修講師として登壇し、人に教えています。そして思います。

「人に教えるって難しい。そして、最高に楽しい」

今まで誰かに教える経験がなかった方々にとって「人に教える」ということは難しく感じるはずでしょう。ただ、指導の基礎基本や、人と関わるために何を大切にしないといけないかを学び、徐々に教えるレベルを引き上げていくと、「不安」が「楽しさ」に変わります。きっと皆さんも、本書を読み終える頃には、自信と余裕が高まるはずです。もちろん難しさはたくさんありますが、難しさを乗り越えることすら「楽しみ」に変えられるはずです。

最後に1つ大事な話をします。本書では「障害」とは社会の側が作り出していると考える「社会モデル」をもとに論じていきます。職場という「社会」において障害者の「障害」になっているのは何なのかについて考えるのが「社会モデル」です。障害種別のケースメソッドなどは取り扱っていませんので、職場での個別性、具体性の高い「関わり方のマニュアル」というよりも、「障害」をどう捉え、どう関わることが必要なのかを考える「入門書」だと捉えていただけるといいかなと思います。

そして読み終えてから一緒に言いましょう。「教えるって、楽しい」と。

汐中　義樹

※本書では「しょうがいしゃ」の表記を、「障害者」もしくは「障害のある方」としています。また、なるべく専門領域に深入りしないよう、個別の障害名にはあまり触れていません。知的障害、精神障害、身体障害を、個別の障害名ではなく「障害」もしくは「障害者」と表現していることを予めご了承ください。

目　次

第1章

障害者との出会い

初めての出会い

「障害」について述べようとしている私ですが、実のところ30歳を過ぎるまで障害者の方々と関わることは、ほとんどありませんでした。それが、30歳過ぎて特別支援学校の教員になってから障害者の方々と出会い、今では障害者雇用のサポートをさせていただく立場となり、一緒に成長させてもらう人生になっているのですから、ご縁とはつくづく面白いものです。

そんなご縁を頂いて以降、知的障害・身体障害・精神障害といったあらゆる方々の教育に携わってきました。烏滸がましい言い方ですが、ある程度は障害について理解を深めてきました。以前に比べ障害者の方々と関わることに、不安や戸惑いはありませんが、最初はかなり、いや相当に戸惑いました。

特別支援学校に着任した際に担任したクラスには、自閉スペクトラム症、ダウン症、知的障害といった子供たちがいました。小さい子たちでしたので、とても可愛かったのですが、関わり方が全く分かりません。話しかけても反応はないですし、ある子は私が近づくと「やめて！　きらい！」と大声を出して泣き出します。仕方なく別の子の近くにいくのですが、その子は私の存在がないかのように、目も合わせず全く相手にされませんでした。

子供たちが怒ったり泣いたりすると、こちらまで泣きたくなるくらい、日々戸惑っていました。

しかし今となれば、なぜその子たちが、私を拒んだり無視をしたりしたのか理由が分かります。私が関わると「やめて！」と泣いていた子は、数ヶ月すると「先生、大好き！」と言ってきてくれました。本当に私のことが嫌いで、憎くて泣いていたのではないのです。「不安」だったのです。

私たちも、初めて会う人の前では緊張しますよね。居心地が悪い時は、その場から離れるとか、適当に言葉を交わしてやりすごすとか、〝初対面なり〟のコミュニケーション方法をとるはずです。しかしコミュニケーションに困難さを抱えていた子は、「泣き叫んで不安な感情を表わす」という手段を選択したのでしょう。

また、目を合わさず無視したような素振りの子は、そもそも「他者の存在」を受け入れることが苦手だったのです。私たちが職場などで、隣にいる人に気を使って話しかけるのは、「他者の存在」を受け入れている、あるいは受け入れようと努力しているからです。しかし、そもそも「他者の存在」が理解できない場合は、自分が本当に必要な時以外は周囲と関わる理由がないのです。時にその子は、突如として私の手を掴んで「あ、あ、」と何かを訴えることがありました。当時は何をしたいのかよく分かりませんでしたが、のちにこれが「クレーン現象」と呼ばれるもので、人に何かを頼む際の独特の表現だと知りました。

表現方法はさまざまですが、彼・彼女たちは確かな意思があって私に働きかけていたのでした。

これが私の、今日まで続く「障害者」との出会いなのでした。

1人1人違う

当然ですが、同じ障害種であっても1人として同じ人はいません。まるで、かの名曲の歌詞のようですが、皆が皆「オンリーワン」です。確かに障害による特性はありますから、同じような場面で同じような反応を示す人たちはいます。

例えば前出の子のように、物をとって欲しいときに誰かの手首を掴むという行動は、自閉スペクトラム症の子に多く見受けられるものでした。また、急な予定変更に不安を感じて動けなくなる子も多くいました。

ただそれは、（拙い例ですが）私たちがお笑い番組で芸人さんのコントを見て、笑う人と笑わない人がいるといった「反応の違い」があることと同じです。コントを見て笑う人たちを「全て同じ人間」と括るのはあまりに乱暴です。それと同じように、障害特性が現れたからといって「○○症」と障害名で一括りにすることはできないのです。

私の特別支援教育における恩師である、山口先生という方は、指導方法の相談をした際に、「あの子は○○症だから」という表現を用いたことが1度もありませんでした。山口先生はまず、その子が困っていることを確認します。なぜ泣いたのか、なぜ怒ったのか、なぜ急に活動をしなくなったのかという「事実」に目を向け、その上で「原因」や「背景」を一緒に考えてくれました。

未熟な私は、すぐに「○○症だからですかね？」と問うてしまっていましたが、それに対して山口先生は「必ず原因や背景があるから、そこから考えないと」と嗜めてくれていました。これは非常に大切なポイントですし、私自身も心入れ替えて肝に銘じたことでした。

障害者の方々は、「ご自身」と、周りの人や空間といった「環境」とが影響し合い、「困り事」に出くわします。その「困り事」が「障害」になっているのです。

架空の例を用いて説明を続けます。車椅子に乗っている方がいたとします。この方は今、バスで駅まで行き、電車に乗って出かけようとしているのですが、バス停に行くまでには横断歩道や幅の狭い歩道を通らなければいけません。バス停に到着したバスは、時間帯が悪かったのか人がごった返していて、車椅子が入るスペースを作ってもらうのに苦労しました。やっとの思いで駅につきましたが、改札は2階。エスカレーターや階段では上れないので、エレベーターを探すことになりましたが、どこを見渡してもエレベーターはありません。バスを降りた場所からだいぶ離れたところにエレベーターがあるため、移動しなければいけません。いよいよ、不安や苛立ちが高まってきたのでした。

この方は、身体障害に困って不安や苛立ちを表しているのではなく、ご自身と環境との相互作用の中で起こる「困り事」に対して、不安や苛立ちを覚えています。この話は、「障害」とは社会の構造が作り出していると考える「社会モデル」にも当てはまります。身体の一部の機能が上手く働かないことよりも、環境との関わりの中で現れる「壁」が「困り事」となり、「障害」になるのです。

一方で私たちがもし、彼らの「困り事」に気づいているとどうでしょう。バス停までの道のりを「お手伝いしましょうか？」と声をかけ車椅子を押してあげられるかもしれませんし、バスの乗降も運転手さんと手伝えるかもしれません。そういう姿を見て、バスの乗客もスペースを空けてくれるかもしれませんし、駅のエレベーターの場所も教えてあげられるかもしれません。見方を少し変えるだけで、私たちも社会にある壁を取り除くことができるのです。

ただし、1つ注意が必要です。それは「本人が支援を望んでないケースがある」ことです。皆さんも、例えば洋服を買いに行って、あれがいい、これがいいと悩んでいるときに、店員さんから声をかけられることがありますよね。人によりますが、私はどちらかというとそれを煩わしく感じる方です。「本人が支援を望んでいないケース」も同じです。もしかしたら体力維持のためになるべく車椅子移動は自分で行いたいと思っているかもしれません。バスや電車に乗る際も、自分で運転手さんや駅員さんに掛け合いながら、社会性を高めたいという思いがあるかもしれません。ですから、本人の意思を確認するのは大切なことです。「お手伝いしましょうか？」と尋ねて「結構です」と断られたとしても、それは声をかけたことに非があるわけではなく、その方にはその方なりに尊い意思があるとご理解ください。

障害者は「かわいそう」なのか

〝腫れ物に触るような接し方は辛いです。助けてもらうことは嬉しいですが、対等に付き合いたいです〟

特別支援学校の生徒の言葉です。

私たちは時として、障害者の方に対して「かわいそう」といった思いを抱くことがあります。障害による「不自由さ」を、「不幸」「かわいそう」と読み替えてしまうのです。その思いは、手を差し伸べたいという思いに繋がることもありますから、むやみに否定するつもりもありません。

ただ、障害者の方が「かわいそう」と思われたいのかというと、そうではないはずです。「マイクロアグレッション」という言葉があります。精神医学者のチェスター・ピアスによって提唱されたものですが、こちらに悪意はないのに、態度や言動で相手の心を傷つけてしまうことがあると言い表しています。冒頭の生徒の言葉のように、「かわいそう」と思うことが、実は相手を傷つけることがあるのです。

またまた卑近な例で恐縮ですが私の話をします。私は背が低いです。中学1年生の長女にもうすぐ抜かれそうです。「手が届かない」という困った場面に出くわすこともあるので、背の低さは一般社会で生きていく上で十分に「壁」となり得ます。私は日本人男性の平均身長を優に下回るので、「男性の身長」という尺度で測ると明らかなマイノリティです。でも、だからと言って「汐中くん、背が低くてかわいそうね」と言われると癪にさわります。同様に、鼻が低い、筋力がない、落ち込みやすいなど、自分の特徴をネガティブに捉える人はたくさんいるでしょう。自分ではなかなかどうしようもない特徴ですが、他人から「かわいそう」と同情されたくはないです。

私は、特別支援学校で「重症心身障害児」と呼ばれる子供たちと多く関わってきました。重症心身障害児とは、肢体不自由と知的障害を併せ持ち、いずれの障害も重い状態にある子のことです。医療的ケアと呼ばれる生活援助を必要とする子供も多くいました。生活の至るところで親からの助けが必要です。

でも、彼ら彼女らにも尊く愛しい心があります。その心は「かわいそう」と思われることを望んでいるでしょうか？　かわいそうな存在と見なすことで何かが救われるのでしょうか？　そうではないはずです。重い障害の人であっても、日々の楽しみ・喜びはあり、幸せを感じて生きています。「かわいそう」と思うことは、彼ら彼女らの幸せさを否定することにもなりかねません。

当事者ではない私がそう言い切るのもやや躊躇してしまいますが、多くの障害者の方と関わる中で、声高らかに「自分の不幸さ」を主張する人がいないことからも、確信していることです。さらには当事者の方も、障害がかわいそうなことではないということを伝えられています。「五体不満足」の著者、乙武洋匡さんがご自身の書籍に引用されていたことで有名になったヘレンケラーの言葉があります。

「障がいは不便である。しかし不幸ではない」。

私なりに付け加えると「不幸」と感じているのは実は周囲の人たちであり、さらには「不便」さを感じさせているのも周囲の人たちです。それが「かわいそう」という言葉に象徴される〝無意識の偏見〟なのです。

目の前で私のように背が低い人間が、高いところにある物を取ろうと目一杯背伸びしている姿を見た時、あなたならどうしますか？

きっと、代わりにとってあげるとか、台を探してあげるとか、こけないように体を支えてあげるとか。何かしら手を差し伸べようとしてくれるはずです。「ああ、背が低くてかわいそうな人間だ」と吐

ことば

マイクロアグレッション・・・「小さな（マイクロ）攻撃性（アグレッション）」
悪意なく、相手の心を傷つけてしまう態度や言動。背景に人種、性別、障害など、自分と異なる人に対する無意識の偏見や差別が含まれている。

アンコンシャスバイアス・・「無意識的な（アンコンシャス）偏り（バイアス）」
自分では気づかない、無意識下での桃の見方や捉え方の歪みや偏り

き捨てる人はいないはずです。

もう1つだけ言葉を紹介します。「アンコンシャスバイアス」という言葉です。「無意識バイアス」と訳され「自分では気づかない、無意識下の物の見方や捉え方の歪みや偏り」などと言い表されています。無意識で障害者＝かわいそうという思いを抱くのは、アンコンシャスバイアスの一例でしょう。

「かわいそう」と思うのではなく、心優しい方であれば、その人のことを丸ごと受け入れた上で、困りそうなことに先回りして思いを巡らせるだけでいいのかもしれません。その中で「自分にできそうな支援」を考えてみると、世界の見方が少し変わっていきます。

知ると世界が広がる、障害理解

障害理解とは何を理解することなのでしょうか。

私が考えるに、障害理解とは大きく2つに大別されます。「障害そのものの理解」と「困り事の理解」です。そして大事なのは「困り事の理解」です。

障害を理解するとき、ついつい障害名や症状に目が行きがちです。しかし私が言うまでもなく、「障害」というのは実に多種多様です。手帳別に大きく分けても身体障害者手帳、知的障害者手帳（療育手帳など）、精神障害者保健福祉手帳とあり、さらに身体障害には内部障害、肢体不自由、など多くの障害が存在しています。それぞれを詳細に理解して対応していくのは、至難の業です。と言うか、無理です。医師であっても正確に病名を診断するのはかなり難しいようです。人間は大変なことは避けてしまう習性がありますので、障害者の方と関わる人たちは結局「障害ってなんだかむずかくてとっつきにくい。避けたい。」という心理にいき着いてしまいがちです。

「障害理解」においては「困り事の理解」が大切です。機能的な障害によって引き起こされる「困り事」がなんなのか。どこに「壁」が存在しているの

障害理解
- 障害そのものの理解・・・障害特性など、障害の機能的な側面の理解
- 困り事の理解・・・障害が引き起こす「困り事」や「障壁」についての理解

かを理解し、必要であれば障害名や特性について調べるという手順の方が、理解が早いです。

これは日常に置き換えるとよく分かることです。例えば私たちが辞書を使うのは、本や新聞などで分からない単語が出てきた時です。本や新聞を読むことが主たる目的であり、辞書を開くのは、意味を理解して読み進めるための手段であり補助的な役割です。まず辞書を読んで数多ある言葉を全て理解してから本を読むなんて人はいません。試しにやってみても「あ行」で心折れるはずです。

障害も同じで、障害名や症状を先に学ぼうとすると障害の数の多さや個別性の高さから、何をどう学べばいいか分からなくなってしまい、人によっては心が折れます。それよりも、職場の障害者が困っている事実をまずは捉え、必要に応じて障害名や特性を追って理解していく方が効率的です。

さて「困り事」の理解をする上で大切なのは「目に見えない部分にこそ、困り事の本質が隠されている」ということです。どういうことか氷山モデルを用いて解説します。

氷山は、見えているというのはごく一部で、大部分は水面下に隠れているということを表したものが「氷山モデル」です。システム思考やコンピテンシーモデルなど、さまざまな文脈で用いられていますが、障害を理解する上でも分かりやすいモデルです。

とかく、障害のある方の行動は「○○障害の特性だな」といったように、行動の特徴＝障害特性として捉えられることが多いです。氷山モデルでいうと、「目に見えている部分」だけで人を判断している状態です。行動の特徴に障害特性が影響しているのは事実ではありますが、それ以外の要素、例えば過去の体験や記憶、その場の状況、周囲の人の関わりや環境などといった「目に見えない部分」が複合的に影響をしあっているので

行動・言動の全てが「障害特性」ではない

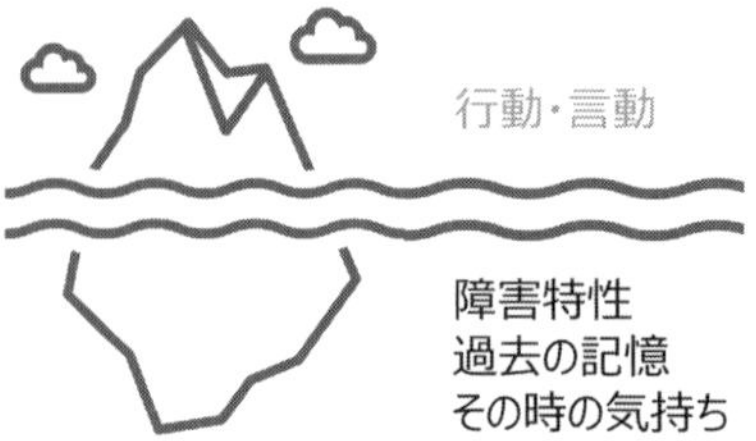

す。

こういった「目に見えない部分」を知ることは、人の行動の背景、事物の現象の背景を考えることでもあり、「困り事の理解」にも繋がります。そしてこの観察力とも言えるスキルは、広い視野、高い視座を身につけることでもあります。

私は、多く障害者の方と関わらせて頂くようになってから、それまでの当たり前の景色が大きく変化しました。例えば普段よくいくカフェやトレーニングジムなどでも「ここは車椅子が通れないな」とか「もし障害のある人がトレーニングするとなると、どういうプログラムがあるだろう」などと考えます。日用品を手に取った時でさえも「この形状だと筋力が弱い人は使いづらいだろうな。もっと柄の部分を太くして、、」などと考えるようになったのです。私にとって人生を豊かにしてくれていますし、きっと皆さんも、障害のある方との出会いが仕事や人生においても彩を添えてくれるはずです。

保護者の思いを受け止める　～関係をこじらせないよう～

会社で障害者雇用を担当されている方々に話を聞くと、「保護者との関係」が話題に挙がることがあります。ここで少し障害者の保護者の思いについて考えてみましょう。

障害者の方と関わる中で保護者の存在を無視できるかと問われたら、明確に「否」と言い切れます。それくらい、保護者との関係づくりは大切です。これから述べさせてもらう私の経験が、少なからず皆さんの「保護者との関係構築」におけるヒントになると幸いです。（ただし、会社として社員の保護者とどこまで関わるかは難しい問題です。保護者とのやりとりの全てを支援機関を介して行うケースもあります。これから述べる内容はあくまでもヒントの1つだと捉えてください。また大前提として、「採用段階での見極め」が大事ということも併せてお伝えしておきます。場合によっては採用前の面談で、学校や支援機関の関係者、そして保護者を同席させて、今後一緒に互いが連携していけるかという視点で見ることも必要でしょう。とりあえず雇ってみたけど、入社後に会社、本人、そして保護者の間が大こじれしてしまい、関係修復までに多くの時間と労力、精神的な負担を強いられるケースもあります。これら前提をお含みおきください。)

私は障害者の方と関わる時には、その傍ら、心身の一部に保護者がいらっしゃるという意識を持っています。教員として特別支援学校と小学校の両方で勤務した私は、さまざまな違いに日々ハッとされられていましたが、その1つに「保護者との関わりの大きさ」があったほどです。

小学校教員時代は、保護者の方と1対1で関わるのは長期休業中の面談、もしくは年度はじめの家庭訪問くらいでした。あとは時折の連絡帳のやりとり程度で、基本は子供を介した関わりが主でした。

しかし、特別支援学校では日々の保護者の方との直接的なやりとりが常でした。連絡帳ではその日の体調や前日にどんなことをしたか（通院に関する情報も含め）を記録してもらっていましたし、送り迎えが必要な子（医療的ケアを要する子など）の保護者とは毎日直接お話をしていました。

皆さんも、共に働く障害者本人だけではなく、家庭や医療などと情報を共有していらっしゃるでしょう。それくらい、障害者の方が安定した毎日を送るには、本人を中心として周囲の人たちの連携がとても重要です。

一方で、保護者の方と日常的に関わる中でさまざまな「親の思い」を伺うことがあります。障害の有無に関わらず、どの保護者も我が子を気にかけてはいるのは当然ですが、特別支援学校で関わらせて頂いた保護者は、長い時間軸の中で我が子のことを長く深く気にかけている印象でした。

異口同音に「私がいなくなったら、この子たちはどうなるのだろう」「私が死んだ後、誰がこの子たちを支えてくれるんだろう」という不安な気持ちを吐露されるのです。中には「普通に産んであげられなくてごめんね」と涙を流される方もいらっしゃいました。

私はこの言葉の前にあまりにも無力で、「自分が何か力になりたい」なんて烏滸がましくて口にすることすらはばかられました。解決の難しい未来課題に対して、複雑な心境がありなのです。そういった思いが、「この子を支えたい」という強い意志になり、一心同体のような存在になるのでは、と思います。

私たちが「できた」ことを褒めると、本人はもとより、親御さんを伝って喜びは2倍になります。反対に「ダメだ」と言葉や態度で傷つけることは、親御さんを通して2倍の悲しみや怒りになるのです。障害のある方と働く上で「できることに目を向ける」必要性が叫ばれますが、それは保護者との関係性においても大切な意味をもつのです。

さて、時に保護者との関係が上手くいかないことがあります。いわゆる「こじれるケース」です。私が思うにそこには大きく分けて2つの原因があります。

1つは、「障害者本人から偏った情報を保護者が受けたとき」。もう1つは、「保護者へのフォローを軽んじたとき」です。この2つの原因と、対策について考えてみましょう。

まず1つめの、「本人から偏った情報を保護者が受けたとき」についてです。誰しも自分に都合の悪いことは人に言いたくないものです。仕事で上手くいかなかった日は、どこかで自分に落ち度があると思いつつも、ついつい誰かのせいにして愚痴りたくなります。障害者の方だってそれは同じで、仕事で上手くいかなかったことを家で話すとき、社内の誰か・何かのせいにして親に伝えることもあるでしょう。それを聞く保護者は「本人の一部」ですから、その話を信じて疑いません。結果として、相談やクレームという形で私たちの元にくるのです。

ここで少し考えたいことがあります。それは、本人がこれまでの「挑戦」においてどんな経験をしてきたかです。挑戦とは、自分にとっては少し高いハードルの課題に取り組む場面です。挑戦の結果は「成功」よりも「失敗」の方が多かったかもしれません。そして失敗の度に、周囲から叱られたり笑われたりして悔しい思いをたくさんしてきたかもしれません。こうした過去の経験から、私たちのほんの何気ない言葉をマイナスに捉えてしまったり、攻撃だと捉えてしまったりするのです。偏った情報になってしまうのは、過去のたくさんの「悔しい思い」が背景にあるからなのです。

私たちができることとは、本人の自己肯定感や自己効力感を高める声かけです。のちほど「関わり方」において述べることと関連しますが、自己肯定感や自己効力感を高める声かけの1つが「感謝を具体的に伝える」ことです。普段の仕事において「○○してくれてありがとう。」とか「もうできたの？　すごい！　ありがとう」とか、あらゆる場面で「ありがとう」を伝えるのです。さらには「とってもうれしいよ。」「助かったよ」と、こちらの気持ちも添えて伝えるとより心地よく響くはずです。「ありがとう」は、感謝を伝えるだけでなく、相手の存在を肯定することにもなります。

さらには言われた方は「役に立った」「貢献できた」「褒められた」「必要とされた」といった自分を認める心や自信にも繋ります。家でも「今日は褒められた」といったポジティブな話をするようになります。するとどうでしょうか。本人を介して、保護者は会社を信頼するようになります。

もう1つは、「保護者へのフォローを軽んじたとき」です。時として、保護者から相談やクレームを受けることがありますよね。まだそういった経験がない方もいると思いますが、

（もちろんクレームはない方がいいのですが、）「いずれもらうもの」という気構えでいてください。保護者は、会社に迷惑をかけてやろうとか、痛い目の合わせてやろうとか思っているわけではありません。これまで、学校や地域といった「社会側」に理解してもらえない歯痒さや、辛さといった、たくさんの経験がそうさせるのです。

つまりクレームの主訴は、「理解」です。理解を求めている相手に対して、こちらがとるべき態度は、「受け入れる」ことです。

臨床心理学者のカール・ロジャースは、傾聴で必要なポイントとして3つ挙げています。「共感的理解」「無条件の肯定的関心」「自己一致」です。3つをバランスさせながら聴くには相当なトレーニングが必要ですが、少なからず「共感的理解」は示す必要があります。頷き、受け止め、辛い思いをさせてしまったことは謝罪し、次はどうすればいいか一緒に考えるのです。ここで「そういうことは言っていない」「そういう意味で言ってはいない」という主張を頑なにとってしまうと、こじれてしまいます。当然、事実確認する上で、どういう経緯でクレームに至ったかを丁寧に整理することは必要ですが、「言ってない」「そういうつもりではない」とこちらの都合ばかりを強調すると、保護者の態度も硬化します。自分の感情や〝言い分〟は一旦傍に置いて、保護者の思いを「そうでしたか」「そうだったのですね」と受け入れてみてください。その上で

・本人のこれまでの頑張りや実績など肯定的な部分を伝える
・職場になくてはならない存在であることを伝える
・会社ができること、本人が頑張ってもらいたいことなど役割や責任などを確認する

といった前向きな話をしてみてください。

大変なこともたくさんあると思いますが、保護者を味方につけると、心強いパートナーにもなってくれます。感謝と傾聴を忘れずに。

障害受容の問題

障害のある方の中には、〝中途障害〟と言われる、病気や事故などによりある日を境に「障害者」となった人もいらっしゃいます。「大人の発達障害」という言葉も流布していますが、子供の頃には気づかなかった特性に、大人になってから気づくこともあります。もう少し広く「障害」を捉えると「老い」も同じでしょう。若い頃にはできていたことが、高齢者となるにつれてできなくなり、生活のさまざまな場面で「制限」や「障壁」が現れるのです。そう考えると、人は生きているといつか必ず「障害者」となります。

一方で、老いは緩やかに受け入れる準備ができますが、中途障害はある日突然です。当然、心が「受容」を拒みます。障害者となった事実は、受け入れ難いのです。

一般に障害の受容過程は「ショック期」「否認期」「混乱期」「(解決への)努力期」「受容

期」と言われています。さまざまな心の葛藤の中でようやく「受容」に至ります。「ショック期」からスムーズに「受容期」に至る訳ではなく、時に「否認期」や「混乱期」を往復したり、「努力期」に至ったけど「否認期」に戻ったりしながら、長い時間をかけて「受容」していくと考えられます。また、「受容」に至らないケースもあります。それくらいの大きな心の揺らぎがあるのです。

　私は特別支援学校で、急性の脳疾患により片麻痺となった生徒に出会ったことがあります。ただでさえ、人生や自分の存在に関して迷い、戸惑い、心が大きく揺れ動く「思春期」に、ある日を境に「障害者」になったのです。

　私たちも「思春期」は色々と思い悩み、重苦しい時期だったでしょう。その上に体の障害を抱えることになるというの

障害受容のプロセス

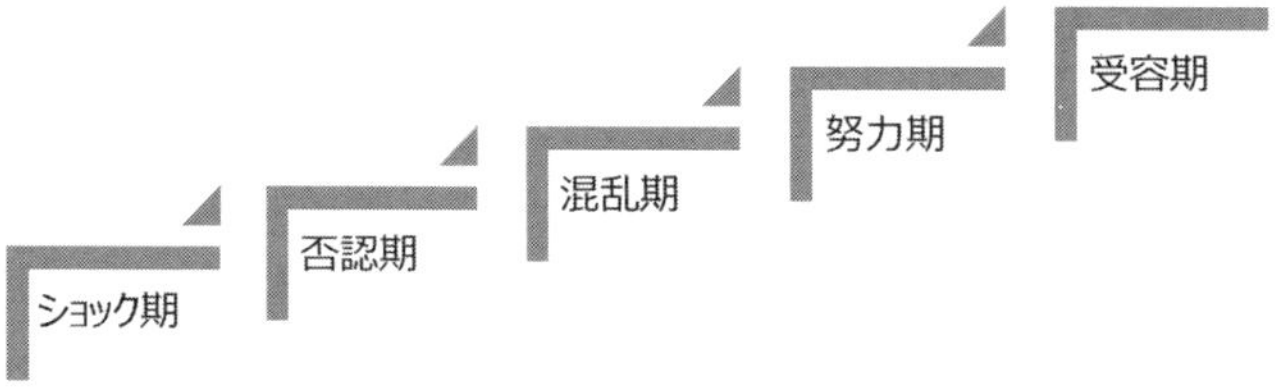

は、若く発達途上の心にとっては想像できないほどの苦しみがあったはずです。その生徒は、自身も努力し、先生方やご家庭といった周囲も温かく見守ることで、卒業していく頃にはある程度、障害を「受容」できたと見て取れました。

しかし彼は当初、あまり笑顔を見せませんでした。いつもどこか、不機嫌な感じがしました。もし私が、彼の「背景」を知らなかったら、「愛想のない子だなぁ」と思っていたかもしれません。

私は障害者の方と関わる上で、その人の言動や行動にとらわれすぎず、相手の「背景」について考えることの大切さを、彼から学びました。その「背景」の1つに、障害受容の段階が影響していることも大いにあり得るのです。

高齢者、外国人、ＬＧＢＴＱ＋など、多様な立場や価値観が重要視される社会です。誰もがその人にしか知ることができない思いを抱えているということを知るだけでも、その人と関わることの意味に気づけます。まさに「一期一会」なのです。

自己理解を深めると、他者理解も深まる

今後、障害者雇用は「雇用率」から「定着率」へ重点が移行すると言われています。これまでは法定雇用率の達成が企業側の目標でした。どうやったら2・3％（2023年現在）を達成できるのか、担当者の方は毎年6月1日（ロクイチ報告）に向けて頭を悩ませていると聞きます。しかし今後、法定雇用率の達成は「前提条件」として当然にクリアしていくことになり、「定着率」で企業の障害者活躍を測る時代に突入します。障害者が業務において自身の能力やスキルを向上させ、働きがいを持って仕事に向かっているかを「定着率」によって評価していこうという流れになっていくと考えます。

今後さらに、本人含めた職場の「教育」、仕事の「教え方」といったスキルの向上が、現場で求められるようになるわけです。障害者と関わる人たちは、「キラリとひかるもの」を

見つけて、伸ばさないといけません。

しかしこれは言うは易し、実際はとても難しいことです。そもそも、皆さんは自分の強みや得意を理解しているでしょうか。少々生意気な言い方になってしまいますが、自分の能力の引き出し方を分かっていない人が、他人の能力を引き出せるわけがないです。「自己理解」が深まらないと、「他者理解」はできないのです。逆の言い方をすると「自己理解」を深めることで、「他者理解」は深まっていきます。

せっかくなので「自己理解」について少し考えてみましょう。

自己理解を深めるためによく用いられるのは、各種アセスメントツールです。皆さんの会社でも、研修等でアセスメントをやられたかもしれませんし、個人的にテストを受けられた方もいらっしゃるかもしれません。いくつかの質問に答えていき、思考や行動パターンが分析された結果、◯◯タイプと判断されるものです。インターネット上には無料で診断してもらえるものもあるので、試してみるといいかもしれません。

ここで大切なのは、◯◯タイプだと自身のタイプが分かるだけでは意味がないということとです。とかく人は、自身のタイプと過去の出来事を紐づけて「ああ、確かに自分は、こういった思考になりがちだなぁ」と、タイプを知るだけで満足しがちです。

しかし自分の特長を理解して活かすには、自身の思考や行動のタイプを、「未来」や「他者」に向けてどう活用していくかが大切です。タイプはある意味「武器の種類」みたいなもので、自分特有の「武器」を知り、それを「どこで」「誰に」「どうやって」活かすことができるかを考えるためのツールとして用いるべきです。

私はどのツールが正しいとかおすすめとかは分かりません。どれにも良さがあって、どれをやってもいいと思います。大事なのは「いろいろやってみる」ことではなく「どれか1つを腹落ちするまで理解する」ことです。そして自己理解↓他者理解の順番です。自分を理解しないままに他者を「あの人はきっと〇〇タイプだ」と判断するのは乱暴です。

繰り返しになりますが、自己理解が深まると、自然と他者理解もできるようになります。障害者の方の能力や可能性を広げるという意味でも、非常に大切なプロセスです。

第2章

障害者雇用の広がり

障害者雇用の歴史と最近の動向

ここで少し、「障害者雇用の歴史」について触れておきます。本書は「教える・関わる」に絞った内容にしていますが、それでもある程度は障害者雇用に関する歴史的な背景や動向はお伝えする必要があります。世の中には、「障害者雇用」の要点を非常に分かりやすく伝えている書籍・文献がたくさんありますので、詳細はそれらに譲るとして、ここでは「障害者雇用ってなんのためにあるの?」といった大まかな話をお伝えします。

障害者雇用を法律上のルールとして定めているのが「障害者の雇用の促進などに関する法律（通称：障害者雇用促進法）」です。この法律は1960年に制定された「身体障害者雇用促進法」として生まれて以降、障害者雇用の量的改善を図ってきました。

1976年には納付金制度が導入され、それまで〝努力義務〟であった身体障害者の雇用が〝法的義務〟へと変更されます。

さらに1987年には、法律の適応対象が「身体障害者」から「障害者」になりました。この流れから、1997年には知的障害者が、2018年には精神障害者の雇用義務化に至りました。

雇用率に目を向けてみても、制度発足時には1・1%（民間企業）だったのがそこから徐々に引き上げられ、2013年には2・0%に、2018年に2・2%、2021年には2・3%、そして2024年には2・5%、2026年には2・7%になります。

ここで「法定雇用率」の大まかな説明を付け加えておきます。一定数以上の従業員・職員を雇用する企業や自治体に対し、従業員に占める障害者の割合を定めたものです。単純化した計算ではありますが、民間企業の2・3%というのは、従業員を43・5人以上雇用している場合は1人以上の障害者を雇用しなければいけないことになります。

また、2013年の障害者雇用促進法改正では、雇用場面での「差別禁止」や「合理的配慮」の提供義務が課されました。それまでの障害者雇用政策にみられる「量的改善」に、

「質的改善」を組み込んだもので、社会側の壁を取り払う上でも非常に重要な改正です。

「差別禁止」とは事業主が「募集・採用」の場面や採用後の場面において、障害者であることを理由として不当な差別的扱いをしてはならないことをルールとして定めたものです。厚労省が示す具体的な例としては、〝募集・採用の機会において、身体障害等の障害があることや、車いすの利用・人工呼吸器の使用等を理由として採用を拒否すること〟などとしています。

「合理的配慮」は、基本的には障害者からの申出により、障害の特性に配慮した必要な措置や、職務の円滑や遂行に必要な施設の整備、援助者の配置などを、事業主の「過重な負担」にならない範囲で講じるように定めたものです。厚労省が示す具体的な例としては〝募集・採用に際し、問題用紙を点訳・音訳する〟〝職場において、車椅子を利用する方に合わせて机や作業台の高さを調整する〟〝通勤ラッシュを避けるために勤務時間を変更する〟などです。

このように、「障害者雇用」のスタートは1960年と意外と最近の話ではあるものの、雇用率の上昇をみるとここ数年で大きく状況が変化してきています。また「障害者雇用」は元々、身体障害者を対象にしていましたが、知的障害・精神障害と私たちの知る「障害」へと適応対象が拡大した上、「合理的配慮」の提供義務など、企業側に求められるものは増えています。「障害」という言葉の意味が「社会の側に、障害者にとっての壁が存在している」という社会モデルの考え方も、近年の障害者支援に大いに影響を与えています。

本書でお伝えする「関わり方・教え方」も、コミュニケーション面で困難さを抱える発達障害や知的障害などの障害特性をふまえた「配慮」でもあるので、本人の意向を尊重する前提ではありますが、今後ますます必要な対応であると言えます。

企業が抱える課題とは何か

全国的に見てみても障害者雇用施策に係る法律の整備や企業側の努力により、質的にも量的にも雇用状況の改善が図られています。厚労省の「障害者雇用状況の集計結果」（2021年6月1日現在）によると、民間企業の雇用者数は59・8万人（身体障害者35・9万人、知的障害者14・1万人、精神障害者9・8万人）、実雇用率2・20％、法定雇用率達成企業割合は47・0％です。また、雇用者数は18年連続で過去最高を更新し、障害者雇用の着実な進展が窺えます。

ただ、雇用者数が増える一方で、企業側がクリアすべき課題も多くなっています。せっかく採用したけど、職場に馴染まずすぐに辞められてはいけませんし、職場への理解や工夫を無理に求めすぎるあまり、現場負担が増して社員から不満が出てしまってもいけません。

ここでは、企業が障害者雇用においてどんな課題を抱えているのかを明らかにし、現場レベルでの対応に話をもっていこうと思います。

まず障害者を雇用する〝前〟の企業にはどんな課題があるのでしょうか。平成30年と少し古い資料ではありますが、厚生労働省の「障害者雇用実態調査」をみると、企業側の「雇用するにあたっての課題」の1位は「会社内に適当な仕事があるか」次いで「障害者を雇用するイメージやノウハウがない」「従業員が障害特性について理解することができるか」というものです。

また、実際に私が企業で障害者雇用を進めている担当者の方にヒアリングしたところでも「本人の強みが生きる仕事を見つけること」「職場の理解や関心」が課題として多く聞かれます。

もちろん、それ以外の「課題」には枚挙に暇がないのはお察しの通りです。障害の有無に関わらず、人が組織で働く以上、解決すべき課題は尽きないものです。ただ、統計資料であっても生声であっても、言えることは「障害者個人の得手不得手を理解し、能力を発揮してもらう」ことに課題を感じているということです。

この課題にはあたたかさとしたたかさが見え隠れします。「頑張って成果を出してもらいたい」「自身の強みを発揮して安心して働いてもらいたい」というあたたかさと、「つきっきりで指導はできないから早めに合う仕事を見つけてあげたい」や「お金をもらって働く以上、相応の成果を出してもらいたい（じゃないと他の従業員にも示しがつかない、）といったしたたかさです。あたたかさとしたたかさを併せ持ちながらも、本人にはしっかりと成果を出してもらいたいというのが本音でしょう。

本人に合う仕事かどうかはやってみないと分からないですが、「教え方」や「伝え方」によって本人が「できる仕事」に引き上げることは可能であると考えます。先ほど「氷山モデル」について触れました。水面下の見えない部分で、私たちが唯一「行動変容」に関与できるのが、「教え方」「伝え方」といった環境面の支援です。のちの章で詳しくみていきます。

チーム理論から見てみると

人と人が目的意識を持って協働し、お互いのパフォーマンスを発揮し、高い成果に繋げている集団を「チーム」と呼びます。障害者の方が企業で働く場合も、さまざまな形態の「チーム」で活動することになるのですが、特に高い成果を上げる「チーム」とそうでない「チーム」の違いは何なのでしょうか？

九州大学の山口裕幸教授らの研究によると、高業績の「チーム」には「暗黙の協調」があることが分かっています。これは言うなれば、お互いがお互いの仕事の様子を観察したり、支えあったりすることで、仕事を前に進めていくという「阿吽の呼吸」です。言葉を交わさずともお互いが「次に何をするか」を理解し合えた方が、そうでないチームと比べると業績が高いのは頷けます。しかしこの話を聞くと、私にはある「心配事」が生まれます。

障害者、特に発達障害の方々には、場の空気を察するのが苦手な方がいます。言葉ではっきり伝えてもらわないと、場の雰囲気であったり相手の気持ちであったりを理解することが難しいのです。また、他の人と同じような仕事の〝作業イメージ〟を頭の中で描くのが苦手な場合もあります。

ということは、そういった特性を持つ方々のいるチームは「高業績チーム」にはなりえないのでしょうか？　障害者の方々とチームを組むことで生産性の向上は図れなくなるのでしょうか？

私は明確に「そうではない」と言えます。つまり、障害者と共に働くチームであっても十分に成果を上げられるのです。

そもそも「暗黙の協調」を得ているチームも、最初からそれが備わっていたわけではないからです。それもそうですよね、知らない人同士が集まった瞬間から、お互いが心を通わせて、言葉を交わさぬともチームで成果を上げていくなんてことは、もはや超常現象です。高業績チームも、普段の地道なコミュニケーション、仕事のふりかえりを通して、徐々に「暗黙の協調」を獲得していきます。

そもそも他者とのコミュニケーションにおいて大切なことは

高業績チームがもつ「暗黙の協調」

お互いがお互いの仕事を観察し、
言葉にしなくても支え合う
いわば「阿吽（あうん）の呼吸」

何か考えてみましょう。またまたまたまた卑近な例で恐縮です。

私の妻は美容師でして、都内の有名サロンで10年以上修行をし、現在は自分の店を営んでいます。妻を見ているとつくづく「美容師さんはコミュニケーションのプロだな」と思います。ここでは少し視点を変えて、美容師さんからコミュニケーションスキルについて学んでみましょう。

皆さんも美容室（理容室でもいいのですが）に行くと、どんな髪型にしたいか、なぜその髪型にしたいかなどを美容師さんに伝えると思います。気分転換かもしれませんし、くせ毛に悩んでいるかもしれませんし、夏場で汗をかきやすいからとか、面接試験を控えているからとか期間限定の理由かもしれません。自分の気持ちを美容師さんに伝え、それを聞いた美容師さんは「ヘアースタイル」という成果物を作っていくのです。美容師さんは微に入り細に入り、お客さんが言いたいこと、言わんとしていることを理解しようとします。ここでの聴き方や受け止め方が非常に「匠」なのです。

お客さんの「髪を切りたい理由」はさまざまですし、伝え方・話し方も十人十色です。美容師さんが「先攻」として大切にされているのは〝自分の感情は一旦脇に置いて、とにかく傾聴すること〟のように思います。技術的・物理的・美容的な観点での美容師さんの話は「後攻」です。プロの目から見てお客さんのオーダーが「受け入れ難い」こともあるでしょう。でも、はなから「それは不可能です」とか「それはきっと似合いません」というのではなく、お客さんの気持ちや理由を理解した後で、プロから見た提案をするのです。

さらには伝え方や話し方といった〝コミュニケーションスタイル〟をお客さんに合わせるのも、お客さんとの距離を縮め、提案を受け入れやすくすることに繋がります。誰しも自分では気づかない話し方の特徴があります。身振り手振りが多いとか少ないとか、一文が長いとか短いとか、声が大きいとか小さいとか。なるべく相手のコミュニケーションスタイルに合わせ（ミラーリングと言います）て、美容師としての思いを伝えることで「こちらのことをよく分かってくれているな。」という気持ちになるのでしょう。

お客さんがどんなオーダーをしようが、どんな話をしようが、美容師さんの思ったスタイルを押し付けてしまったら、いくら美的には素晴らしいスタイルが完成したとしても、お客さんの心は満たせません。逆にお客さんが「先攻」で自分の言いたいこと、伝えたいことを話した後で、美容師さんが「後攻」でスタイルを提案すると、お客さんは「自分の意見が反映された」と思えるのです。

これは相手がお客さんか同僚かの違いこそあれど、「共に成果物を作り上げる」という意味で、職場においても必要なコミュニケーションスキルではないでしょうか。自分の思いや言いたいことを伝える「主張」こそがコミュニケーションと思っている人は意外と多いです。「論破」することに快感を覚えるような困った人もいます。美容室での話に戻ると、論破された後に完成されたヘアスタイルを、お客さんが受け入れられるでしょうか？　少なくとも私には無理です。

障害者と共に働くチームも、コミュニケーションが基盤となり、お互いの考えや気持ちを理解しながら、徐々に「言わなくても分かる状態」が作れるのです。その際に、まずは聴くこと。無条件に受け入れるように、相手の話すことを聴くことに注力してみてはいかがでしょうか。

またその際に、相手がどういった表現や伝え方をしているのかを把握してみましょう。相手のコミュニケーションスタイルに沿って話をすることで、気持ちの繋がりがもて、相互理解が図れるはずです。人のコミュニケーションスタイルを注意深く観察することは、自分のコミュニケーションスタイルを見直すことにもなります。つまりは相手の多様さに気づいて受け入れることが、コミュニケーション促進となるのです。

ワーク・エンゲージメントとの関連

ワーク・エンゲージメントという言葉をご存知でしょうか。オランダのユトレヒト大学教授、ウィルマー・B・シャウフェリ教授によって提唱されたもので「仕事に対するポジティブで充実した心理状態」を示します。日本でも川上憲人先生や島津明人先生らの研究が有名です。

人の健康や幸福に関心が高まる風潮の中で、ワーク・エンゲージメントも「健康経営」や「well-being」と同様に〝より幸せに〟〝よりいきいきと働く〟という文脈において耳目を集めています。

ワーク・エンゲージメントが高い人は、心身の健康度が高く、組織に愛着を感じやすく、仕事を辞めにくく、生産性が高いことが明らかになっています。労働力人口の低下に歯止めがかからない日本においては、せっかく雇った社員が離れていかないためにも、ワーク・エンゲージメントを高めておく必要があります。また、「人的資本経営」という言葉もあるように、〝人〟にどれだけ企業が力を入れているかは、企業価値を高める上で重要な指標になってきています。

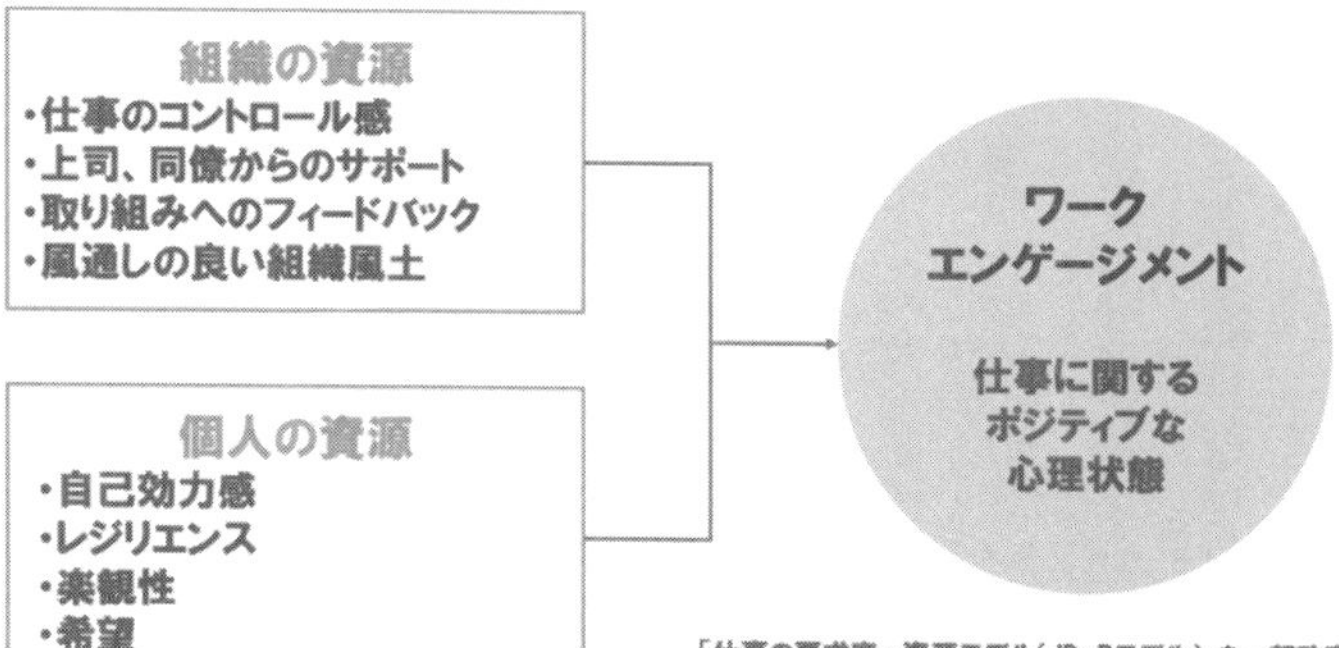

「仕事の要求度ー資源モデル(JD-Rモデル)」を一部改変

ワーク・エンゲージメントを高めるには「組織の資源」と「個人の資源」を充実させることが重要です。「組織の資源」というのは、上司や先輩からのサポートであったり、ある程度仕事に裁量権を持たせたり、風通しがよい職場であったりです。そういった文化・風土を創り出す、もしくは創り直すことで、組織の資源が充実してきます。

「個人の資源」には、自己効力感、レジリエンス、楽観性、希望があります。例えば自己効力感を高めるには、成功体験を積むことや、周囲の励ましを得ることが想定されます。また自己効力感が高いと、直接的にワーク・エンゲージメントを高める一方で、置かれた状況、つまり会社で言うなら上司、同僚、経営層への肯定的な認識に繋がることも分かっており、間接的にワーク・エンゲージメントを高めていきます。第4章で述べますが、「ある褒め方」をすることで、自己効力感を高めていけます。くわしくは後ほど。

ところで「障害者活躍推進計画」にも、定着率への目標設定の大切を説く中で〝満足度又はワーク・エンゲージメントに関するデータを収集し、原因、課題等を整理及び分析するとともに、その目標（満足の割合等）を設定することが望ましい〟と記載されています。

現段階ではまずは国や地方自治体の機関に対しての〝望ましい〟方法としての位置付けですが、いずれは民間企業にも求められていくと思われます。

やや飛躍しますが「法定雇用率」から、近い将来「法定定着率」なるものが課される可能性もなきにしもあらずです。そう考えると、今のうちからワーク・エンゲージメントを高める取り組みに着手するのは賢明な判断です。しかしこれを負担と捉えるともったいないです。社員の誰もがいきいきと働きがいを持ち、才能を発揮し、会社に貢献していく環境づくりへのきっかけになると捉えると、「障害者雇用のメリット」も見えてきます。

コラム 車椅子の子供たちと空手

「先生はいいな、空手ができて。僕もやってみたいけど、車椅子だから無理だ。」。

小学部4年生の男の子を担任した時に言われた言葉です。私は、幼少期から空手を習っていて（一応黒帯）、時折空手の話をクラスでしていました。小学4年生というと、物事を分析できるようになったり、自分を客観的に捉えたりできるようになります。発達の個人差が顕著になる、いわゆる「9歳の壁」のど真ん中にいます。自己肯定感を持ち始める時期でもありますが、自分のできないことにも目がいくようになり、劣等感も持ちやすくなります。そして、「できない自分」を引きずったまま大人になる人も少なくありません。氷山モデルをご紹介しましたが、障害特性以外に、過去の経験や記憶が、大人になってから「自分にはできない」という思いを作り出し行動に移せない場合もあります。私は、何気なく話していた「空手」の話題が、実はこの子たちに劣等感を抱かせていたのかもしれないと大いに反省しました。同時に、この子たちの「できること」を増やしたいと改めて強く思いもしました。

そこで、友人の空手家で、実戦空手大場道場の大場那緒太師範と綾先生に協力してもらい、「車椅子ユーザーでもできる空手」の授業を考案しました。授業は、その男の子と同じ学習グループの子供たち10人で取り組みました。

子供によっては上肢の上げ下げが難しかったり、体を捻ることが難しかったりしたので、基本技をアレンジしながら基礎を教えていきました。子供たちが普段行わない空手独特の動きは、体の色んな部位に適度な刺激を与え、とてもいいトレーニングになります。また、空手は技に合わせて「やー！」と気合いを入れますが、これも子供たちにはとてもいいトレーニングです。息を大きく吸ったり吐いたりすると、胸を開いて背筋を伸ばす動作に繋がります。車椅子にずっと座っていると、姿勢が崩れ、肺が圧迫されて呼吸が浅くなりますし、呼吸が浅くなると血流にも影響します。大きな声を出すためには大きく息を吸う必要があり、自ずと体が起き、姿勢や呼吸の安定にもなるのです。

こうして、半年ほど体育で空手の稽古を重ねました。そして総仕上げに、大場那緒太師範と綾先生に来校してもらい、「特別授業」を行いました。前半は大場師範と一緒に空手の稽古。後半は教室に場所を変え、「夢」についてみんなで語り合いました。特別授業の前に、子供たちに「夢」を聞いていたのですが、そこには「車椅子に乗り降りする」とか「かけ算を覚える」といった、学習目標が多く見受けられました。教員としては非常に嬉しい目標ではありますが、もっと先の「夢」を描いているかと問われると、違っていました。子供たちは未来を見ることができていなかったのです。だから特別授業の前半で「できる自分」に出会ってもらったのです。そして授業の後半では、空手全日本チャンピオンの大場師範から、「人生のチャンピオンになろう」のかけ声のもと、自分だけの夢や目標をもう1度考えました。そこには「外科医になって同じような障害の人を助けたい」「スポーツ選手になりたい」と、以前とは違った数年先の「夢」を大きく描けた子供たちがいたのです。子供たちの「どうせ無理」とは、私たちの働きかけで「できる」に変えられるんだなと、大場師範の協力もあって実感できた瞬間でした。周囲のサポートや支援があれば、誰だって可能性を広げられるのです。ちなみにこの授業の様子は埼玉新聞さんにも取材してもらいました。

大場師範、綾先生、本当にありがとうございました！

第3章

「教える」とは何か

そもそも「教育」とは何を示すのか

皆さんは「教育」と聞くとどんな光景、状況が思い浮かびますか？　学校現場での先生ｰ生徒、会社での先輩ｰ後輩、上司ｰ部下が何かを教えるｰ教わる状況が頭に思い浮かんだでしょう。

その光景の中で、先生や先輩、上司といった「教える側」の人は、生徒や後輩といった「教わる側」の人に何をどんな風に教えているでしょうか。具体的な言葉までイメージしてみてください。その人たちは、「○○はこうしなさい」「○○の場合には、△△するように」など情報を一方的に伝えていませんか？

「教育」とは「教え育てる」と書きますので、知識や経験が豊かな人が、未熟な人たちにそれらを伝えながら育てていくというのが「教育」と思われる方がほとんどでしょう。私が思うに、それは間違いではありませんが、正解でもありません。私たちが学校や職場において、上意下達的な「教育」を受けてきたから仕方ないのですが、実は教育には〝相手の能力を引き出す〟といった意味も含まれています。

「こんなことも分からないのか！」といった言葉を、教育の場で聞くことがあります。教わる側の「教わり方」が未熟な場合もありますが、私は教える側の「教え方」に大いに改善の余地ありと考えています。

「教える側」の多くは、教える技術を学んできていません。新人の育成担当になって初めて「教える立場」になった人も多いでしょうし、教えた経験がある方でも「自分の教え方には絶対の自信がある」と言う人は少ないでしょう。教育の専門家である教員ですら、教育の理論に関しては大学の4年間でしか学びません。理論を学んだだけでは不十分なので現場での実践も必要ですが、十分な実践知を身につけるのは4年どころの話ではないでしょう。（少々言い方はきついですが、自戒の念も込めて）理論も実践も不十分のまま「教える側」に立ってしまった人がほとんどなのです。結果的に、どう教えていいか分からず、かって自分が受けた上意下達型の指導方法をなんとなく真似することしかできないのです。

あまり深く話し始めると取り留めなくなりますが、ここでのポイントとしては「教育とは、相手の能力を引き出すことも含まれる」ということを最低限おさえておきましょう。

教える側の私たちがもし、「自分は相手の能力を引き出せているか」と立ち止まれたとしたら、教え方が上手くなっているという証拠でもあります。

教育現場で用いられる指導の原理原則

私は、大学・大学院で6年間教育学を修め、鳴物入り（と自分で勝手に思っていただけですが）で教育現場に着任しました。

なんせ相手は子供、こちらは大学・大学院までいって「教育」について学んだ大人。「全然問題ないでしょ」と、今思うと勘違いの極みみたいな余裕で学校へ降り立ちました。

着任して2ヶ月後、私は自分の自惚をひどく呪う事になります。当初こそ、子供たちは若い私の元に「先生、先生」と寄ってきていましたが、程なく「指導力のない先生」と認知され、物理的にも心理的にも子供たちと距離が生まれ始めました。今思い返しても、冷や汗が出るほどクラスがグラグラと揺らぎ始めたのです。同僚や管理職、保護者、そして何より子供たちに本当に迷惑をかけてしまいました。

「これはまずい。我流じゃダメだ。教育の原理原則に則らないと」と、遅ればせながら身に染みて感じたのでした。

そこから私は、教育書を読み漁り、教育研究団体に積極的に学びを乞いました。さまざま学ぶ中で1番しっくりきたのが、向山洋一先生の書籍でした。

向山先生は「授業の10原則」を説いています。インターネットで検索するとすぐに出てくるものですが、実践で完璧に自分のものにしている人は、ベテラン教師といえども少ないのではないでしょうか。まずはどんなものか、紹介いたします。

第1条：趣意説明の原則（指示の意味を説明せよ）
第2条：一時一事の原則（一時に一事を指示せよ）
第3条：簡明の原則（指示・発問は短く限定して述べよ）
第4条：全員の原則（指示は全員にせよ）
第5条：所持物の原則（活動に必要な場所と時間と物を与えよ）
第6条：細分化の原則（教える内容を細分化（＝スモールステップ）せよ）
第7条：空白禁止の原則（1人でも空白の時間を作るな）
第8条：確認の原則（指導の途中で何度か達成率を確認せよ）
第9条：個別評定の原則（誰が良くて誰が悪いのかを評定せよ）
第10条：激励の原則（常に励まし続けよ）

さて全て読んでお気づきになったかもしれませんが、この10原則は、授業に限らず、さまざまな場面において必要な基本的・最重要な教え方のスキルです。第4章での「関わり方・教え方」について述べますが、ベースはこの10原則をもとにしています。

ここでお伝えしておきたかったのは、人に何かを教える際には基本となる「原則」があり、それが自分の教え方にも相手の理解にも大きな影響を与えるということです。また、教え方が上手くなるということは、頼れる先輩・上司になれる以上に、多様な価値観の理解であったり人を動かす影響力であったりと、リーダーとして求められる資質を鍛えてくれもします。

それまで「我流」で四苦八苦してきた私にとっては、「教える原則」という基本の大事さを身をもって知りましたし、教える相手の成長を「ここまで引き出せるのか！」と驚きを得られもしました。

ただし、スキルを知っておけば全てよしというわけではなく、当然ながら日頃の信頼関係の構築が前提です。しかし、その信頼関係の構築すら「教え方」の中に組み入れることもできます。

例えば「褒める」という関わりを挙げてみます。褒められて嫌な気になる人はいないですから、「褒める」という行為は相手との良好な関係を築く上で大切です。

一方で見え透いた「褒め方」は時に相手を不愉快にします。「ちゃんと見てくれてないくせに、うわべだけ褒めて、、、」と思われてしまうと、関係構築どころの話ではなくなってしまいます。ここで「細分化の原則」を用いてみます。タスクが10個あり、これを後輩なり部下なりに伝えて仕事を任せる場面があるとします。一気に10個教えて「じゃあやってみて」と投げてしまうと必ずミスが発生します。謙虚な人であれば「自分の伝え方が悪かった」と思うでしょうが、概ね人は「ちゃんと言っただろ！　なんでできないんだ！」と思ってしまうものです。

であれば、1と2だけ教えて、都度確認します。できたら褒めます。10まで一気にやらせ、できないことを何度も「叱る」のか、少し手間のかかることですが2ずつ教えてその都度確認し、10教えるまでに5回「褒める」のか。どちらの教え方が関係構築に役立つかは言う間でもないです。

この「ちょっとした確認の手間」は、関係がこじれた後の「莫大な修復の手間」と比べると微々たるものです。「こじれた後の莫大な修復の手間」は、私が知る範囲でも障害者雇用の担当者の「苦労」で常にトップに挙がるものです。「膨大な手間」を信頼の構築により軽減できることを考えると、少しの手間の大切さが分かるでしょう。教え方と信頼関係の構築を同期化させると、非常にパワフルなツールになるのです。

特別支援学校で大事にされている考え方
～配慮はしても遠慮はしない～

皆さんは特別支援学校（養護学校）での学校生活をご存知でしょうか。きっと多くの方が「知らない」と答えるはずです。なぜなら、本書を書いている元教員の私ですら、30歳を過ぎるまで特別支援学校について全く知らなかったからです。それもそのはずと言うべきでしょうか、義務教育段階において特別支援学校で学んでいる児童生徒数は8万人（令和3年度）ほどで、全児童生徒数の0・8％ほどです。幼稚部や高等部を合わせると15万人弱ですがこれでもやはり、全体の子供達の数で見ると少ないことが分かります。（私自身も改めて数字で見ると、特別支援学校で児童生徒と時間を共有できた出会いの奇跡を噛み締めているところです）。

特別支援学校において企業への「一般就労」は高い壁です。文科省の「学校基本調査（令和4年）」をみると、特別支援学校高等部から「就職等」に進む生徒は3割程度（非正規雇用等を含む）です。ここ10年で就職者数は増えています（平成21年度は2割強）が、6割以上が「福祉的就労」となっています。

このあたりで、普段は知る機会が少ない、特別支援学校での生活について見ていきましょう。ただし、先に誤解のないように申し上げておきますが、障害者枠等において企業で働かれている障害者の方々の全員が、特別支援学校に通われていたわけではありません。ですから、皆さんの職場にいらっしゃる障害者の方と「学校」についてお話しされる場合は注意が必要です。高等学校に、普通科や理数科、工業高校や商業高校、男子校や女子校といった分類があるように、特別支援学校も、進学する上での選択肢の1つでしかありません。障害があるからといって特別支援学校に必ず入らないといけないわけではないということを予めご理解ください。

「特別支援学校」について文科省の概要では〝障害の程度が比較的重い子供を対象として、専門性の高い教育を実施〟と説明があります。公立小学校と特別支援学校の両方で教鞭をとった私が、特別支援学校の特徴を挙げるとしたら2つあります。（ここでは、知的障害や肢体不自由の特別支援学校について書いています。）

「少人数」と「教育課程」です。

普通学級では1クラス35人程度の児童生徒が一緒に学習をしますが、特別支援学校では、児童生徒は生活や学習で支援を必要としますから、1人の担任が見られる人数にも限界があります。そこで、1クラスの上限を6名（平均3名）とし、より〝個〟に配慮した指導を行なっています。1クラスの人数が少ないので、教員は児童生徒の個別課題に沿った教育を行うことが可能になります。（余談ですが、近年の教員不足のあおりから、特別支援学校の1クラスの上限が見直されないか危惧しているところです。私の感覚だと1クラス3名が限界で、それ以上の児童生徒数になると特別支援学校での教育の良さが失われてしまう気がしています）

特別支援学校の特徴のもう1つが「教育課程」です。教育課程というと分かりづらいので、「時間割」だとお考えください。時間割には大きな特徴があります。「自立活動」とよばれる指導領域があることです。「自立活動」とは、児童生徒が自身の障害について理解を深め、克服したり改善したりするためのさまざまな知識や態度を育てていく活動です。障害の種類や程度、生活上の困難さや、すでに得ている知識は児童生徒によってさまざまですから、自立活動で取り組む内容も〝個〟にフォーカスしたさまざまなものになります。授業中に「自立活動」を行うこともありますし、着替え、食事などの生活場面で「自立活動」を行うこともあります。

例えば、「買い物学習」であったり「集団遊び」であったりも「自立活動」になり得ます。一般的には学校での「勉強」とは主に教科学習を示しますが、特別支援学校においては生活力も含めた学校生活（例えば着替えや給食やトイレなど）の全てが「勉強」なのです。

また学校の構造そのものも児童生徒が学習しやすいよう工夫され、あらゆる場面において個性、強み、得意なことを伸ばすように指導していきます。さまざまな可能性を信じ、さまざまな活動を通して、成長を図るわけです。

一方で、〝個〟にフォーカスした指導はマイナスに働いてしまうケースもあります。目も手もいき届いた環境において、本人が望んでいない支援まで周囲が加えてしまうことです。「パターナリズム」という言葉があります。〝強い立場にある者が、弱い立場にある者の利益のためだとして、本人の意志は問わずに介入・干渉・支援すること〟という意味ですが、学校の指導場面にも見受けられます。児童・生徒が「支援が当たり前」という意識を持たせてしまう可能性もあり、教員が注意すべきものですし、ビジネスの現場でも課題になっているように思います。

企業で働くということは会社の成長に貢献することであり、お金を稼ぐことであり、皆と協働することです。障害者の方に配慮が必要な一方で、遠慮し合って言うべきことが言えない環境、あるいは関係性で、成果を生み出せるでしょうか。「多様性のある組織」はイノベーションを生み出しやすいということが分かっています。しかし、ただ単に異質なもの同士を組み合わせただけではイノベーションは生まれません。そこには、心理的安全性であったり、個人のスキルの熟練であったり、相互理解だったりが合わさる必要があります。心理的安全性とは、言うべきことを言い合える、そして時には耳の痛いことも安心して伝え合える関係性のことだと思います。「配慮はしても遠慮はしない」ことが、障害者(に限った話ではないですが)と働く上で必要なのです。

大人への「教え方」とは

「教える」とはどんな場面を指すでしょうか? 学校や塾で先生が生徒に「教える」。または職場の上司や先輩が、後輩に仕事を「教える」といった場面が想起しやすいでしょう。学校や塾で子供たちに教えるのと、職場で大人に教えるのとでは「教え方」に違いはあるのでしょうか。

「大いに違うけど、本質は同じ」というのが私の答えです。

私は教員時代には子供たちにはもちろん、各種研修で教員相手にも教えていましたし、現在は企業研修講師として活動しているので基本的に相手は大人です。そして「教え方」は大人相手と子供相手では全く別物だなと感じています。学校（ここでは義務教育をイメージしてください）で教える場合というのは、対象者は年齢も下で、知識も人生経験も不十分な子供達です。私も実際に体感してきたことですが、私たちが教える内容を、子供たちはまるで、大きな布に水が染み渡るようにどんどん吸収していきました。ともすれば、こちらが間違った情報を与えてもそのまま染み込ませてしまほどですので、伝える情報は真に正確でないといけません。また教える内容も、1年間のカリキュラムに則ってどんどん進めないといけないですから、どうしても「伝える」「理解させる」という感覚に近くなってしまいます。

一方で、大人への「教え方」は「分かり合う」「相互理解」といった感覚です。大人はすでに大きな布には大量の水（知識や経験）が染み込んでいます。こちらが教える内容を吸収してもらうには、どこか一部でも〝絞って〟もらい、吸収するスキを作ってもらわないといけません。蓄積している知識を絞ってもらう（棄却してもらう）のですから、相応の価値ある内容でないといけません。また、伝える情報に慎重にならないといけないのは大人相手も同じですが、教わる相手の方が、教える私たちよりも情報に詳しく、造詣が深い場合もあります。

何を知っていて、何を知らないのか。何を知りたくて、何を知りたくないのか。つまりは「相手を知る」ことが大人に教える上では大前提となります。これが「分かり合う」「相互理解」の示すところです。また、明確な指導カリキュラムがないケースが多いでしょうから、相手を理解して、教える側がカリキュラムを組み立てる必要があります。

このように、教える相手大人の場合が、今ある知識を捨ててでも学ぼうとしていることは何かを把握しないまま、一方的に教えても上手くいかないです。そして「相手を知る」

という プロセスは特別支援学校で障害のある児童生徒に行う「アセスメント」と同じプロセスです。これが、子供と大人の教え方が「本質は同じ」であることの真意です。

「アセスメント」によって相手を知ることで、「ここは少し補足が必要かな」とか、「ここははっしょってても理解してくれるだろうな」とか教え方の打ち手が変わってきます。1年後のゴールや半年や1ヶ月後の目標なども、相手を知る中で組み立てていきます。

私が元特別支援学校の教員という立場で、「大人」向けの「教え方」について書いているのもここがポイントです。障害のある方へ

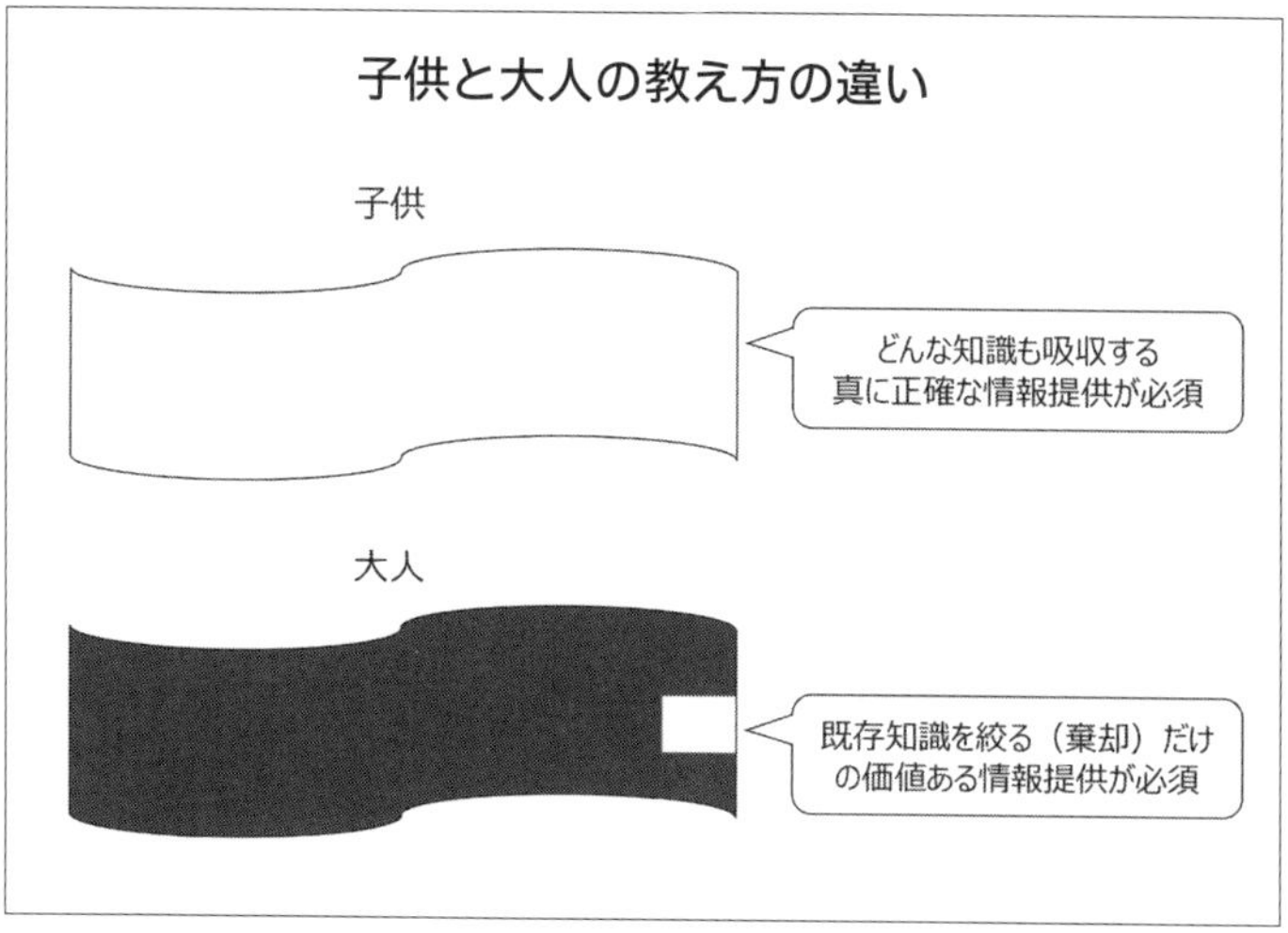
子供と大人の教え方の違い
子供
どんな知識も吸収する
真に正確な情報提供が必須
大人
既存知識を絞る（棄却）だけ
の価値ある情報提供が必須

の仕事の教え方も、その方が抱える障害の特性以外にも、さまざまな背景を把握していくことが必要だとは前の章までに述べた通りです。教えるスキルだけに偏りすぎると、伝えたことにはなるかもしれませんが、教えたことにはなりません。

第4章では、具体的な「関わり方・教え方」について考えていくのですが、これをただ現場で実践すれば上手くいくということではなく、前提として「相手を知ろうとする努力」があることを忘れないでください。その努力が、上手い教え方には必須です。

コラム 特別支援学校教員座談会

第3章では、特別支援学校で大事にされている考え方について述べましたが、現役の先生たちの教育観について私も学び直すべく、古巣である埼玉県立熊谷特別支援学校の自立活動部の先生方と座談会を行いました。参加くださったのは、同校現役教諭で元同僚である山口先生、岩田先生、丹羽先生、大野先生です。（座談会開催を快諾くださった竹井校長にも感謝申し上げます）座談会ではいくつかのテーマを投げかけながら、先生方と一緒に考えました。

※座談会は2023年2月24日（金）、熊谷特別支援学校の自立活動室にて行いました。

教育とは

筆者、汐中（以下：筆者）「いきなり大きな問いで恐縮ですが、先生方にとって学校での「教育」とはなんですか？」

岩田先生（以下：岩田）「卒業した後を考えることだと思います。子供たちはいずれ卒業していきます。その後の社会で、本人が困らないため、そしてよりよく生きていくために「生きていく力」を、日々の授業の中で少しずつ積み重ねていくことだと思います。」

大野先生（以下：大野）「子供たちが自分でできることと、他の人に頼ってもいいこと、を考えていくこと、そしてそういった環境を作っていくことが、学校における「教育」だと思います。誰しも、1人で生きていくことはできないので、誰かの力はどこかで必ず必要となります。そういったことに気づかせていくことも「自立」の意味だと思います。」

丹羽先生（以下：丹羽）「教員が、種を蒔くことだと思います。12年間（特別支援学校では、小学部1年生から高等部3年生までの12年間在籍する児童生徒が多くいます）に多様な経験・体験をしてもらいながら、楽しさとも出会わせていく。僕の兄はダウン症ですが、先日、1人で選挙の投票に行けました。だいぶ前に学校で学んだ「書字」の学習が、何十年も経った後で花開いた瞬間でした。正直、家族ですら兄が1人で投票に行くのは無理ではないかと思っていました。しかし、本人の努力もあって社会参画を果たせました。兄の姿を見て、いつか花開くと信じてたくさん種を蒔くことが教育であり、教員の責務だなと感じました。」

山口先生（以下：山口）「捉えやすくしていく支援だと思うなぁ。特別支援学校の子供たちは、社会との関わりややりとりがしづらいこともある。生活上必要な基礎的なものを学びながら、社会との関わりについて本人が分かるように捉え直してあげ、理解させていくことが、支援であり教育だと思います。」

障害とは

筆者「次にまた大きなテーマで恐縮ですが、先生方にとって「障害」とはどういうものですか？」

丹羽「当事者研究を学ぶ中で障害の「社会モデル」は腹落ちしています。障害者の人も、最初から「自分は障害者です」という人はいないです。生きていく中で困難さに出会う中で「障害者」と自覚していくのですが、その「障害」は社会にあるという考えは、納得できました。」

筆者「本書も「社会モデル」をもとに「障害」を捉えているので、良いこと言ってくれてありがたい（笑）。」

山口「一方的なものではなく、双方的なものだと思う。本人、相手、環境を含めた双方的なもの。本人が社会との関わりの中で難しさを感じると、「障害」になるし、本人の難しさを他者や環境が支えることで「障害」と思わなくなるよね。社会との関係が、「障害」を高くもするし低くもする。そう言う意味で、双方的、だなと。」

岩田「その上で、やはり障害特性を知っていくことも大切だと思います。どんな障害にどんな特性があるのかを理解していくことは、どんな困り事が起こりうるかを考える上で必要だなと思います。」

大野「皆さんの考えにプラスして、強みを知ること。障害はマイナス面だけでなく、プラスに働く場合もあります。プラス面を見逃さずに生かしていきたいです。」

筆者「今の話から、バリアバリューという言葉を思い出しました。」

支援のバランス

筆者「特別支援学校の名称にも「支援」とありますが、かと言って支援ばかりをするのが教育ではないのは言うまでもないです。そこで、先生方が大事にされている、支援のバランスについてお聞かせください。」

岩田「その課題が本人にできることなのか、できないことなのかを本人にきいて考えさせることかな。できることには手を出さないこと。できることを聞いていくことが必要だと思います。」

大野「まずは人間関係を築いていくことが大事かなと思います。寄り添える存在、近い存在でいてあげる。相談しやすい関係づくりや雰囲気づくりって最初の出会いには必要だと思います。」

丹羽「どういうチームを作るか、だと思います。内部で完結できればいいが、そういかないことが多いですよね。汐中先生みたいな学校外の専門家にお願いしてチームを作っていくと、色んな視点で本人の良い部分を見つけていけると思います。」

筆者「丹羽先生から「専門家」と言われると照れます、、」

山口「待つことだと思う。もうちょっとでできそうという部分を理解するために、待つことかな。待ちながら観察して実態把握していくと、できることがこちらも把握できます。一方で、学校や福祉の現場と、企業とは違うと思う。学校では「待つこと」ができても、時間がない中で生産性を上げていく必要がある企業で「待つ」ことはコストになりますよね。アセスメントが企業で確立していけば、できることを把握し、本人に合った仕事を見つけられると思う。汐中さんがアセスメントツール作ったら？」（笑）

関わり方とは

筆者「では最後に、本書を読まれていて初めて障害者の方々に関わるという方に向けてメッセージをお願いします。」

岩田「私自身は、相手が自発的になる関わりってなんだろうと考えることを大事にしています。いきなり距離を縮めようと寄っていくのではなく、話しやすい関係をまずは築いていく。相手からこちらに関わろうと自発的になれる関係づくりが、関わりの初期は大事だと思います。」

大野「触れ合いやリアクションが大事だと思います。僕自身、障害のある子、特に医療的ケアを要する児童との関わりは、最初はこわかった。でも、触れ合ったり関わったりする中で、やりとりができることが分かりました。その中で、大きなリアクションで相手の思いを受け止めてみるという関わりは、コミュニケーションを深められたと思います。大きめのリアクションで関わるというのは大切かもしれません。」

丹羽「まずは挨拶。こちらが相手を知ろうとするのと同じくらい、相手もこちらを知ろうとしている。だからまずは挨拶をすることを忘れないでいたいです。」

筆者「挨拶は当たり前すぎてたまに忘れる。確かに大事だと思います。」

丹羽「挨拶を起点に、次はお互いの共通点を探していく。共通点を探そうとコミュニケーションをとることは、「あなたのことを知りたい」というメッセージになると思います。」

筆者「確かに、共通点が見つかるとお互いの距離は縮まりますよね。広島出身の人とは旧知の仲のような感覚になるし。」

山口「事前に相手のことを知っておくことは必要でしょうね。引き継ぎ資料などをもとに、得意なことや好きなことなどを下調べしておく。そして、相手の立場で考えることができると良いなと思います。

さっき少し話題に出ていた「こわさ」って、実は関わる上では大切なのかも。ある程度の「こわさ」を持つことは相手への敬意になる場合もありますよね。」

筆者「確かに、特に医ケアの子に対してなんかは、慣れがインシデントに繋がるケースもありますから、あまりにもこわがって関わらないのはダメですが、ある程度「こわさ」を持っているというのは大事かもしれませんね。」

以上、４つのテーマで座談会をさせてもらいました。私と同じような考えもあれば、違う角度から教育や支援を捉えている考えもあり、とても勉強になりました。先生方、ありがとうございました！

第4章

障害者と共に働くためにおさえるべき「関わり方・教え方」

3つの見え方の違い　～言葉、気持ち、感覚～

最終章では、障害のある方と働く上で、おさえておくべき「関わり方」や「教え方」について一緒に考えていきましょう。これまでの章と違い「教え方」「関わり方」のテクニカルな話になりますが、本書で繰り返しお伝えしているように、手っ取り早くテクニックを身につければ万事上手くいくということはありません。他者の行動を変えるための1つのヒントと捉えて頂いた上で読み進めてください。

また、これも繰り返しではありますが大事なのでもう一度お伝えします。そもそも障害と一言で言っても、身体障害、知的障害、精神障害とあり、身体障害にも聴覚障害、視覚障害、肢体不自由、内部障害とさまざまな種類があります。障害の個別性を無視して「障害者」と一括りにすることはあまりにも乱暴なのですが、「障害とは社会の側が作り出している」という社会モデルに基づいて本書は書き進めていますので、この章でもあえて障害名を取り上げないことをご了承頂き、具体的な「関わり方」「教え方」を学んでいきましょう。

突然ですが、2022年サッカーワールドカップでは、日本が世界の強豪スペインを破るという歴史的金星を挙げましたね。勝利の裏には「三苫の1㎜」と呼ばれるゴールラインギリギリの三苫選手のアシストがあったこともご記憶にあるかと思います。通常のカメラ位置では、ボールはライン外に出ているように見えますが、上空から撮ったカメラ映像では、ボールはライン上にギリギリ残っていました。

なぜこの例を出したかと言うと、「物事は見る位置によって見え方が違う」「見え方を理解すると、結果が変わる」と言いたかったからです。

障害のある方は、その方々特有の見え方をします。私はそれを「虹の見え方」と呼んでいます。人それぞれの違いを「グラデーション」に準えることもありますが、私は好んで「虹」を使っています。虹は七色ですが、ここでは障害者の方の「虹の見え方」の特徴を

3つ、「言葉」「気持ち」「感覚」に分けて考えていきます。

まずは「言葉」です。

同じ言葉でも人によって受け止め方はさまざまです。

例えば、私の生まれ故郷である「広島」という言葉を聞いた場合、皆さんの頭にはどんな画が浮かびますか？　宮島の厳島神社の鳥居、瀬戸内海の島々、牡蠣やお好み焼き、原爆ドームや平和記念公園、街中を走る路面電車、カープ、しゃもじ、世代によっては任侠映画とか、有名なロックスターも思い浮かぶかもしれません。「広島といえばお好み焼きでしょう〜！」「いやいや‼　カープでしょ！」と思い浮かんだイメージのすれ違いを雑談のネタにして楽しむこともできます

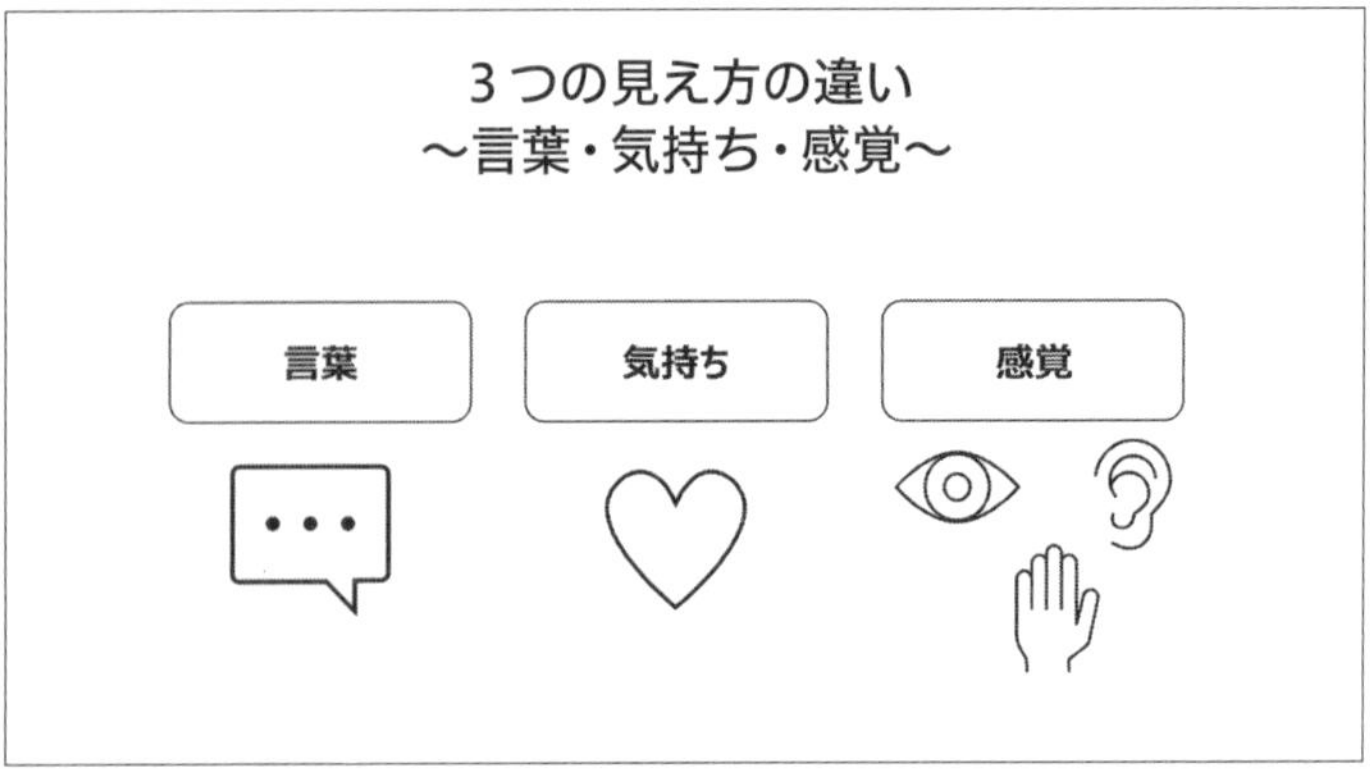

ね。

ただ、このすれ違いが仕事となるとトラブルのもとです。

例えば上司から仕事を任せられる際、「いい感じに仕上げといて」と指示されたらどうでしょう。どの程度仕上げればいいかなんて、上司の頭の中を見て確認することはできません。それでも多くの人は「きっとこの程度だろう」という、上司が自分に任せてきた背景（期待度や信頼）、自分の力量などを鑑みて仕上がりを推察していきます。ただ、こういった推察が苦手な人もいます。

さらには何気ない「言葉」を自分に対する攻撃だと過剰に受け止めてしまうこともあります。例えば私は、高校時代に非常に厳しい寮生活を送っていました。高校時代を「青春」に準えていきいきと語る人もいますが、私にとっての高校時代は「暗黒」です。だから「高校」とか「青春」という言葉を聞くと、やたらと卑屈になってしまいます。言葉自体に悪意があるわけではないのですが、自分が経てきた経験や記憶が、感情を非常にネガティブなものにしてしまうのです。

また、障害のある方が使う「言葉」もさまざまです。時折ストレートすぎる表現をしたり、独特で理解しづらい表現を使ったりすることがあります。これは、その場その場で相応しい言葉が分からないという理由があります。つまり、障害のある方にとっての「言葉」とは、受け手となる場合、送り手となる場合の両方で、見え方が違うのです。

2つ目、「気持ち」です。

誰しも、人の気持ちを理解するのは難しいことです。ただ、障害のある方には、「気持ち」を理解することが〝極めて〟難しい場合があります。難しさの根本には、「気持ち」が目に見えないからです。しかし私たちは、喜んでいる、楽しんでいる、怒っている、悲しんでいる、、、といった相手の「気持ち」を表情や声のトーンなどで察していきます。「気持ち」の理解が難しい人というのは、この「察する」ことが苦手なのです。笑顔＝楽しい、明るい声＝喜んでいる、、といった、表情と気持ち、声と気持ちを、頭の中で合わせられないのです。

また、本人は悪気なく、しかめっ面で低く暗い声のトーンで話しかけてくることがあります。相手が嫌な気持ちになると察することも苦手なのです。「何、その言い方」「なんでそんな顔するの？」と誤解を与えることもありますが、本人としては、なぜ怒らせてしまったのか理解できないです。

日本は「察する文化」がありますので、〝言わなくても分かる状態〟を好みます。人と人とが協働するときにも「言わなくても分かるでしょ」という状態が望まれます。しかし実はみんな心のどこかで「ちゃんと言葉に出して言ってくれないと分からない」というモヤモヤしたものを抱えているはずです。

これを機に「気持ち」の理解が難しい人のことを学びながら「声に出して伝える」ことの大事さも理解していきましょう。

3つ目は「感覚」です。

感覚の違いも本当に虹色です。皆さんの職場にもイヤーマフ（ヘッドフォン型の耳栓）などで音を遮断し、仕事をしている人もいらっしゃるかもしれません。聴覚という「感覚」が他の人とは異なっているために、音の受け止め方が違うのです。

今、少しだけ本を閉じて、どんな音が耳に入ってくるか確かめてみてください。いかがですか？　エアコンや冷蔵庫などの音、風が窓を揺らす音、鳥のさえずり、車の音、道ゆく人の話し声など、改めて耳を澄ますと、種々様々な音が耳に入ってきていることに気づきます。しかし、仕事に集中したり、誰かの話に気が向いたりしていると、それら「雑音」には注意が向きません。私たちは無意識に、注意を向けるべき音を選択できるのです。

では、そういった選択ができず、全ての音が同じ大きさで耳に入ってきたらどうでしょう。エアコンの音、誰かの足音、パソコンを叩く音、全てがフルボリュームで耳に入ってくるのです。とても耐えられないはずです。そんな環境で「仕事に集中しろ」と言われても無理な話です。ここでは「聴覚」を例に話をしましたが、触覚や視覚なども私たちとは受け止め方が違うのです。

では、そういった「虹色」の見え方がする人たちと、私たちはどうやって関わり、どうやって仕事を教えていけばいいのでしょうか。

「関わり方」と「教え方」に分けてそれぞれ3つずつ見ていきましょう。ちなみにここで言う「関わり方」というのは「教え方」の前提です。相手に仕事のやり方を伝えるのが「教え方」であり、教えることがより効率的・効果的になるような工夫が「関わり方」です。2つが重なり合うことで、「教えた」ことになります。逆に、教えたことが相手の行動に繋がらなければ「言っただけ」になります。皆さんの中でそれぞれを組み合わせたりカスタマイズしたりして、教える際に活用されてください。

関わり方①「物・環境を揃える」

まずは「物・環境を揃える」です。物と環境を揃えることとは、障害のある方の「気持ち」「感覚」の違いへのフォローになります。

「気持ち」の理解が難しい方は、自分の仕事がどこに繋がっていくか分からないことがあります。どんな仕事にも流れがあり、自分だけで完結するものではないですよね。自分の仕事は前工程や後工程で関わる人たち、もっと言うと最終的に商品やサービスを手にする人たちに影響していきます。仕事の流れと関わる人たちとのつながりを理解・想像するということは、仕事そのものへの姿勢・態度に関わります。「気持ち」の理解が難しい方が少しでも仕事の繋がりを理解できるよう、物と環境を揃える必要があるのです。

「感覚」の違いの一例として、手指を上手く動かせない人を取り上げてみます。私たちも冬場に手袋をしたまま何か作業をすると、上手く指先を使えないことがありますよね。あの動かしにくさを、常に抱えている人たちがいます。そういう人たちに対して、私たちと同じ様なツールを使いこなさせようとするのは、相手にしてみると「配慮が足りないなぁ」と思われてしまいかねません。だから、物と環境を揃える必要があるのです。

別の例でも考えてみましょう。分かりやすい様に料理を例にしてみます。

料理が苦手なあなたが、料理上手な人と一緒にカレーを作っています。まな板の上に、包丁とにんじんが置かれ「切ってみて」と指示されました。「切ってと言われても、、どうやって切るんですか?」と質問したくなりますよね。

では、まな板の上に、いちょう切りにしたにんじんが2つ3つ見本として置いてあるとどうでしょう、「ああ、この切り方で切ればいいんだな」と分かります。どちらも用意されているのは、包丁とにんじんだけですが、「いちょう切りしたにんじん」が見本として置いてあげるだけで、あなたは何をやるか見当がつきます。

さらには「出来上がったカレーは、子供たちが食べるんだよ」と言われるとどうでしょう。なぜいちょうぎりなのかの意味や、小さいサイズに切る必要性も理解できます。扱う包丁もプロ用のものではなく、握りやすい初心者用であると助かりますよね。作業がしやすいだけでなく、それを口にする子供たちの喜ぶ顔を思い浮かべながら、料理ができるのです。

これが「物・環境を揃える」の意味するところです。

物を揃えるというのは、それなりに手間のかかることかもしれません。しかし、障害のある人が扱いやすい物を用意してあげることは、その人が仕事しやすくなるだけでなく、安心感にもつながります。また、仕事の流れが分かる様な環境を揃えてあげることは、見通しを持たせることもできます。

そして、「物・環境を揃える」ことの1番大きなメリットが「自信」をつけられることです。

物と環境が揃うと、自分がやるべきことが分かり、人との繋がりも分かります。自分の仕事が色んな人に影響をすると分かると、責任感が湧き、仕事への意義も高まります。「できる」ことが目に見えて増えていくと、自分の仕事に対して誇りをもてます。「自信」がついてくるのです。

「障害」により、これまで怒られたり責められたり、自分の不器用さやできなさに嫌気がさしたりした人も多くいます。自分に自信がもてないのです。それが、物や環境を揃えるという一手間をかけてあげるだけで、自信を取り戻すきっかけになるのです。自信がついた人間は、自分を好きになっていき、自分を好きになった人間は、周りのことも仕事自体も好きになっていくのです。

関わり方② 「選択肢で問う」

関わり方の2つ目は「選択肢で問う」です。これは「言葉」「気持ち」の見え方の違いへのフォローに繋がります。

障害のある人の中には、気持ちを言い表すことが苦手な人がいます。伝えたいことはあるのに、上手く言葉にできません。別の言い方をすれば、「気持ち」と「言葉」が一致しない状態がしばしばあるのです。

例えば、なんとなく胸が苦しくて体調が悪いのだけれども、どこがどう悪いのかを相手に上手く言い表すことができず、結局は全然大丈夫じゃないのに「大丈夫です」と伝えてしまうように。

別の例。ほんのちょっとしたコミュニケーションのつもりで「最近どう？」と声をかけたのに、なんだか相手の反応がイマイチな時ってありませんか？

「最近どう？」と声をかける人は、実は大した答えを求めておらず、なんとなく声をかけたわけで、こちらもなんとなく適当に返しておけば大丈夫だと、大抵は理解できます。「ぼちぼちです〜」と、適当な返答でOKですが、これらは相手の気持ちを察しているからできる技です。

しかし、人によっては「最近って、昨日のこと？　それとも1週間前のこと？　どうって、良い出来事を伝えるの？それとも悪い出来事を伝えるの？」と、相手の気持ちや意図を上手く理解できず、真に受けてしまうことがあります。真剣に応えねばいけないと思うあまり「最近っていつのことですか？　どうって何を答えればいいのですか？」と問い返してしまうのです。声をかけた側からすると驚きですが、声かけも少し配慮してあげると「言葉」や「気持

選択肢で問う

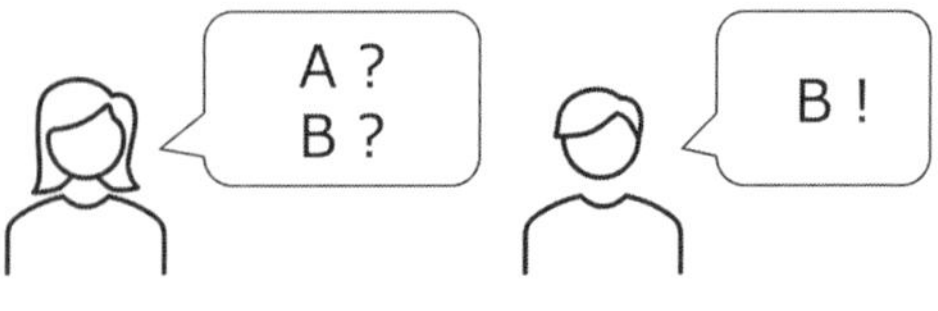

自己決定→モチベーション

ち」のフォローになります。それが「選択肢で問う」です。

例えば「最近どう？」という言い方を、「昨日から表情が明るいけど、仕事かプライベートかで、何か良いことあったの？」という言い方に変えると、グッと答えやすくなります。要は「AかBか」で答えられる「閉じた質問」にすることです。

そして「選択肢で問う」ことの最大のメリットは「自律」につながることです。選択肢を与えることは、相手からすると〝自分で決められる機会〟を与えてもらったことになります。障害のある人は、これまで周囲の方々に色んな支援をしてもらってきていますが、時にそれが過度な支援に繋がってしまうことがあるのは、前の章で述べた通りです。周囲が勝手に「多分、今これがしたいはず」と、本人の意思を確認しないまま手を差し伸べてしまうのです。過度な支援は、本人の「自己決定」の機会を奪います。いつの間にか「自己決定しないこと」が常態化してしまい、自分で自分を律するという意思決定すらしなくなるのです。

しかし、仕事をする上で「自律」は非常に大切なマインドセットです。選択肢で問いながら、自己決定する場面を増やしていくことで「自律」を促せます。

また、仕事において自己決定する場面があると、やりがいにもなります。2択であれ、仕事の裁量を与えられたことになりますので、「自分で決めた」という思いが湧いてきて、やりがいを持って仕事に向かうのです。

当然ですが、こちらが恣意的な選択肢はダメです。どっちをとってもメリットがない選択肢は、本人のやる気を奪います。相手を尊重し、仕事の背景や理由を説明した上で、適切な選択肢を与えるなど、工夫をされてみてください。

関わり方③「褒めて関わる」

関わり方の3つ目は「褒めて関わる」です。これは「気持ち」の見え方の違いへのフォローになります。前の章でも褒めることのメリットについては述べましたが、違った視点で「褒めること」について改めて考えていきましょう。

本書では「『障害』とは社会が作り出しているもの」という社会モデルの考えがベースにあるのは何度もお伝えしている通りです。ここで再度強調したのは、会社も学校も、まだまだ「個人モデル」、つまりは障害者個人に「できない」原因を帰属させる考え方が根強いからです。そして「個人モデル」で障害のある方と関わると、あることを忘れがちになります。それが「褒めること」です。

私たちが人を褒めるとはどんな時でしょうか。頼んだ仕事を完璧にやってくれた、かねてからの目標をクリアした、今までできなかったことができた、といった場面ではないでしょうか。つまり、何かを完了させた、成し遂げた時に、人は褒めるのです。

しかし、障害のある方が、社会の中にたくさん埋め込まれている「障害」を乗り越えて、何かを成し遂げるというのは困難なことが多いです。私たちは何かを成し遂げた人を褒めるという慣習がありますから、途中までできたことに対してはあまり目を向けません。だから障害のある人は「褒められる」経験、言い方を変えると「成功体験」「成長実感」を感じる場面が少ないのです。これは障害のある方が「できない」からではありません。社会の側に「障害」があるということに、私たちがまだまだ気づいていないからです。

褒める必要性や重要性をお伝えしたところで、具体的な「褒め方」について見ていきましょう。

先ほどもお伝えした通り、私たちは慣習的に「成し遂げた瞬間」に褒めるように頭の中で初期設定されています。その設定をほんの少し変えてみます。1から10まで課題を課して10できた瞬間ではなく、2とか5とか7とかで褒めていくのです。障害のある方は課題を10まで全て完遂することが難しい場合もありますから、過程を褒めていくのです。

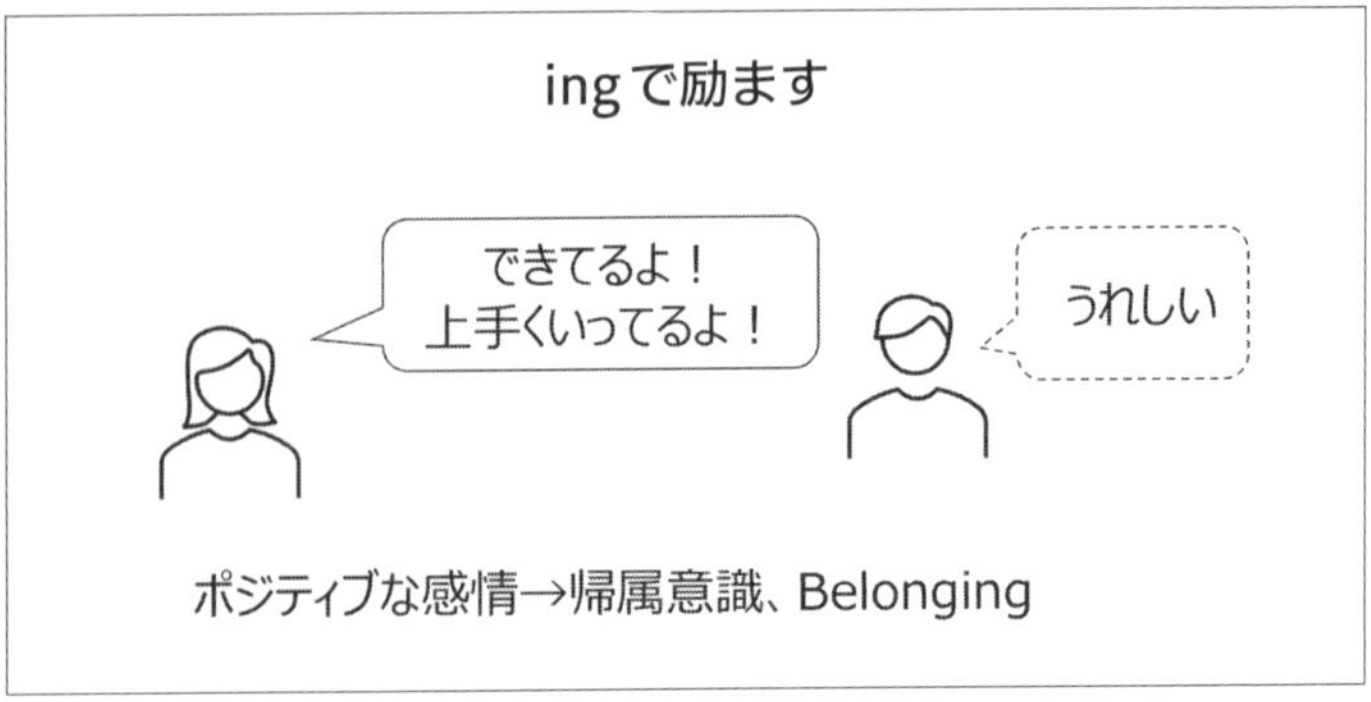
ingで励ます
できてるよ！
上手くいってるよ！
うれしい
ポジティブな感情→帰属意識、Belonging

私はこれを「ｉｎｇで励ます」と呼んでいます。過去形の「よくできたね」ではなく、進行形の「できてるよ！　上手くいってるよ！」と褒めるのです。言葉でも文字でも構いません。

「ｉｎｇで励ます」ことのメリットは他にもあります。それは「指導者の指導力が高められる」ことです。

褒めるのは、ただ相手に気持ち良くなってもらいたいというだけではありません。指導する立場としては、相手に行動を促し、結果として成果に繋げないといけません。成果につながる行動を加速させるために「褒める」のです。そして進行形で褒めるには、頑張る姿をタイムリーに確認する必要があります。試しに進行形で褒めようとすると、ある事に気づきます。「意外に、、褒めることって少ないなぁ」と。

業務効率化のために、多くの職場では仕事をルーチン化させています。当たり前の光景が広がる社内で、人を褒めるための「新たな発見」をすることは意外と難しいのです。さらには自分の仕事もある中で、人の様子を窺うのは手間に感じます。

そこで、私たちがすべきことは「褒めるための種を蒔く」ことです。相手のスキルを把握しながら、できそうなタスクを与えます。時には雑用でも構いません。

褒めると相手の行動は加速し、本業での成果に繋がりやすくなります。どういった成果を期待し、誰にどんな行動を求め、そのために何を依頼し、そしてどう褒めるか。それはまさに、教育のプロセスそのものです。だからこそ「褒める」ことは、褒める側の指導力も高めることになるのです。

また、「集中しているね」とか「さっきからとても頑張っているね」とか声をかけることで、相手の人は褒められた喜びだけでなく「ちゃんと見てくれている」という気持ちになります。職場への所属意識、現代風に言うとBelongingが高まっていきます。

少しの変化を、少しの成長を、少しの頑張りを、言葉にして文字にして、進行形で褒めていきたいですね。

教え方①「教えるべきことだけ教える」

さて、教える前提である「関わり方」について3つの視点で見てきましたが、最後は「教え方」について考えていきましょう。

教え方には基本的なステップがあります。

手本を見せる→手本を元に説明や解説を加える→やらせてみる→褒める

です。勉強熱心な方はすぐにピンときたと思います。山本五十六の教えですよね。〝やってみせ、言って聞かせ、させてみて、ほめてやらねば人は動かじ〟です。これは指導において王道です。ここからの内容は、「言って聞かせ」の質を高めるヒントだと捉えてください。

教え方の1つ目は「教えるべきことだけ教える」です。

「言葉」や「気持ち」の見え方が違う相手に仕事を教える場合、時として「何度言っても伝わらないのはなんで？」「なんで同じミスを繰り返すんだろう」と、悩むことがあります。この場合、私たちはついつい、「相手の理解力が足りないからだ」と、相手の能力に原因を置いてしまいます。しかし、実は私たちの教え方に原因であることがほとんどです。ちょっと立ち止まって、教え方を見直すだけで、随分と相手の理解は進みます。

さて、「教えるべきことだけ教える」ですが、この中にはさらに2つのポイントが隠れています。

1つは、「必要なことだけを教える」。もう1つは「必要なことを把握する」です。

教えるべきことだけ教える
AとBと
CとDね！
…
まず
Aね！
はい！

まずは「必要なことだけを教える」についてみていきましょう。

私たちが人に教える時、ついついやってしまうことがあります。それは、良かれと思って「ついで情報」を付け足してしまうことです。特に新たに組織に入ってきた人に対しては、親切心からあれこれと社内情報、社内資源について伝えていきます。「そういう場合は、こうして、ああいう場合は、こうやって、、」。

私も異動初日に校内をくまなく案内されて、各所の細部に至るまで説明してもらったことがあります。そしてこう思いました「覚えられるわけないだろ、、」と。でも教えた側の人によっては、「1度伝えたでしょ」「メモとってなかったあなたが悪い」と、何か聞き返そうものなら突き放してしまうこともあります。

この例からも分かる通り、教えた内容が相手の理解に繋がってなかったとき、その責任は「教える側」にあります。教える側である私たちは、「相手が分からないのであれば、こちらの教え方が悪い」というマインドを持っていないと、いつまでたっても教え方は上手くなりません。

「教えるべきことだけ教える」とは、今ここで大事なこと、つまり「必要なことだけを教える」ということです。「授業の10原則」では「一時一事の法則」と呼ばれています。1つの場面で教えることは1つです。

障害のある方の中には〝ワーキングメモリ〟と呼ばれる、一時的に情報を記憶し、その記憶をもとに作業することが苦手な人もいます。たくさんの情報を一気に教えられても、記憶することも処理することもできないのです。

例えば、「ここまでデータを入力したら、こちらのフォルダに保存し、念の為プリントアウトしたものを持ってきてください」と指示したとします。この指示には「入力するデータの範囲」「データ入力」「データ保存」「格納するフォルダの場所」「プリントアウト」「上司への報告」などさまざまな情報が入り込んでいます。私たちからすると慣れた仕事なので、パパッと指示を出してしまいますが、ワーキングメモリの困難さがある人からするともうパニックです。

ではこの例を「必要なことだけを教える」に当てはめたらどうすればいいのでしょうか。

「ここまで入力します」と教えることを〝絞る〟のです。保存や印刷や報告は、いま必要なことではありません。あとから教えればいいのです。

もう1つの「必要なことを把握する」についてです。

私たちがついつい「ついで情報」を付け加える時、往々にして相手の理解度を把握せずに伝えてしまっています。相手がすでに知っていることと、まだ知らないことを把握しないままに、一方的に教えてしまうのです。

必要な情報だけを教える以前に、相手はその情報を本当に知らないのでしょうか。知らないとしたら全く知らないのでしょうか、それとも少しは知っているのでしょうか、もしくはほとんど知っていて一部だけ知らないのでしょうか。

教える内容というのは、少ないほど相手は飲み込みやすくなります。そのためには相手の理解の範囲を把握し、本当に必要なことだけを教えることが大切です。

教え方②「具体的に教える」

教え方の２つ目は「具体的に教える」です。「言葉」の見え方が違うと、言葉を投げかける時と受け止める時の両方で、行き違いが生じることがあります。

こちらの言葉が「そんなつもりで言ったんじゃないのに、、、」という誤解を生んだり、相手の独特の表現に「そんな言い方あるかよ、、」「それって、どういう意味⁉」と納得できなかったりというケースです。言葉の誤解が仕事の誤解に繋がってしまうとやっかいです。間違った仕事をされて「いやいや、そういうことではなく、、」と直そうとしても「だって、この前こうしろって言ったじゃないですか！」と言われることもあります。急な仕事の変更に適応できない人がいるからです。

そこで「具体的に教える」ことが必要になるわけです。

ちなみに、こちらが「具体的」に教えていくと、相手は「具体的」に問うてきます。具体さがベースのやりとりは、相手の頭の中が分かるかのように、仕事がくっきりと見えていきます。反対に難しい言葉や曖昧な言葉は、いつまでも伝わりにくいです。

前の章で述べましたが、高業績チームには「暗黙の協調」つまり、「言葉にしなくても周りが察して動いてくれることで生産性が高まる」という特徴があります。ただし、そのチームが結成当時から「暗黙の協調」があったわけではないのは、すでに述べた通りです。地道な言葉のやりとりで、徐々に〝察する力〟がついたのです。チーム結成当初の言葉のやりとりにこそ、具体さが求められるです。

ではもう少し「具体的」について理解するため、反対の「曖昧さ」を考えてみましょう。

教える上で「曖昧さ」を生み出す要因の1つに「これ・あれ・それ」といった「指示語」の多用があります。「指示語」はとても便利で、いちいち名称を使わなくても「あれ」とか「これくらい」とかに置き換えることができます。「こそあど言葉」として小学校で指示語を学習しましたね。場所や物を「これ・それ・あれ・どれ」(指示代名詞)と言ったり、人や物事を「こんな・そんな・あんな・どんな」（形容動詞）と言ったり、より詳しく説明する際に「この・その・あの・どの」（連体詞）と言ったりと。本書でも何度も「これが」「それが」と使っています。指示語を使わないと、文がとても冗長的になってしまい、くどくどと同じ言葉を繰り返し、読みづらく聞きづらいものになってしまいます。ですから「指示語は絶対に使わないでください」と言っている訳ではありません。

ただ、今一度、私たちが話す言葉に意識を向けてみてください。いかに多くの「指示語」を用いているか気づくはずです。幾分、多すぎると感じるほどでしょう。

教える場面において、まるで言葉遊びのようですが、「指示語」が多いと「指示後」が混乱します。

仕事では、教える側と教わる側に「情報量」に大きな差があります。そして私たち教える側は、情報を多く持っていることで、ある錯覚に陥ります。それは、「私が知っていることは、あの人もある程度知っているだろう」と思ってしまうことです。その結果「指示語」で話を簡略化して、理解を相手に委ねてしまうのです。語呂がいいのでもう一度言いますが、「指示語」で「指示後」が混乱するのです。

指示語があまりにも多い教え方は、教えたことになりません。「あれをこれくらい」と伝えた場合の「あれ」の程度や「これくらい」の精度は、人によって違うからです。

だから「具体的」さが必要になるのです。「指示語」を使うかわりに、5W1Hを意識して伝え、教えていくのです。「これくらい」と言った瞬間に、「あ、まずい、この言い方じゃ伝わらないな」と気づけたとしたら、私たちの教え方がレベルアップしたということです。

一方で、仕事ではなかなか言葉で表現することが難しいものもあります。いくら5W1Hを意識しても、バ

シッと具体的に教えられる場面は実はそんなに多くないです。「具体的に教えるって言われてもなぁ・・・」と困る場合があるのです。

そんな時は、仕上げてもらった仕事に「フィードバック」を与え、お互いの理解のすり合わせをしてみましょう。「具体的に教える」の形をちょっと変えて「具体物」で教えるのです。指示の曖昧さは必ずどこかで出ますから、「具体物」を用いたフィードバックで、〝具体性〟を引き上げていくのです。

冒頭申し上げた通り、急な仕事の変更に抵抗感を示す人もいますが、最初に「振り返りの中で、場合によってはやり方を変えるかもしれません」と宣言しておくといいでしょう。やり方が変更するかもしれないという見通しを持ってもらうだけで、変化にも対応してくれるはずです。

「具体的」に、「具体物」を用いて教える。ぜひ試してみてください。

教え方③「分けて教える」

さて、教え方の最後は「分けて教える」です。

いきなりですが皆さん、「分かる」の語源は「分ける」という説があるのをご存知でしょうか。昔の人も、人間が本質的に物事を理解するためには、〝分ける〟と〝分かる〟のだと知っていたのです。

教える場面で「分ける」というのは、スモールステップとも呼ばれます。教育現場でも「細分化の法則」としてかなり大切な技術とされています。

例えば、新人に何かやってもらうとき初めての仕事はごく簡単な作業から始めてもらいます。難なくクリアできるレベルです。そこから少しずつ仕事の難度を高め、階段をのぼるようにステップアップ・スキルアップしていきます。

勉強熱心な皆さんであれば「そんなこともう知っているし、現場で実践している」と思うでしょうから、私からは「分けて教える」ことが障害のある人にとって、どういったメリットをもたらすかについて述べます。

分けて教えるメリットとは、「自ら成長する力を高められる」ことです。すでに何度も述べてきたことですが、社会にあるさまざまな障害や障壁が、障害のある方々の「できること」を狭め、困難さを生み出しています。障害のある方は、ご本人に何の落ち度もないはずなのに、社会の構造によってたくさんの「できない自分」に出くわしてきたのです。

例えば車椅子の方は、自力で階段をのぼることはできません。階段が障害となるからです。のぼれないままだと「できない自分」です。

でもスロープがあると、車椅子の方も目的地まで辿り着けます。ちなみにスロープを自力でのぼろうとするとかなり体力がいりますから、のぼればのぼるほど辛くなります。しかしそれでも、階段をのぼるほどの無理難題ではないです。高みにのぼった人は、達成感、成長実感など、のぼったからこそ確かめられる心地よさに包まれます。「できた自分」に出会えるのです。

人は「できた自分」に出会えたら、もっともっと「できた自分」に出会おうと行動します。内発的動機づけが高まるのです。

「教える」ということは、伝えて終わり、言って終わりではなく、相手の行動を変化させて初めて、「教えたこと」になります。私たちが「教えること」を、真に「教えたこと」にするには、本人が「できる自分」にもっと出会いたいと思わせ、やる気にさせて、行動を変化していけるように、仕事を分けて与えていくことが大切なのです。

そう考えると、「スモールステップ」よりも「スロープステップ」という表現の方がいいかもしれません。仕

スロープステップ

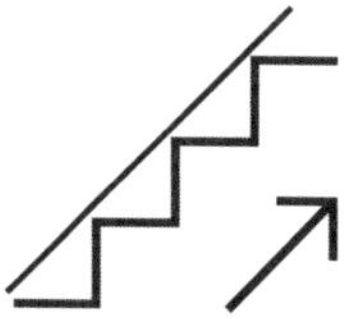

仕事を細かく分け（スモールステップ）
ツールなどの環境整備でスロープをかける

事をスモールに分けた後、機能的な〝やりやすさ〟を加えて、スロープにするイメージです。

そしてスロープステップにするよさはもう1つあります。何度も出てきていますが、「褒める」ことができるからです。階段は、のぼった瞬間でないと褒めることはできません。いや、そもそも車椅子で階段をのぼることは無理なので、励ますことすらできません。しかし、スロープであれば、のぼっている一瞬一瞬を「できてるよ」「いい感じ！」と褒めることができます。人間の力は不思議なもので、褒められ励まされると、1人でやる時には出せない力を出すことができます。諦めなくなるのです。

「スロープステップ」で、少し踏ん張りながらも確実に前に進めるような仕事の「教え方」と「褒め方」を工夫されてみてください。

おまけ「教えるより教わる」

関わり方と教え方について考えてきましたが、最後に1つ大切なメッセージをお伝えして締めくくります。おまけと言いつつ、結構大切なことです。

それは「教えるより教わる」です。

「教え方」と銘打った章の最後にしては少々矛盾するメッセージかもしれませんが、教えようと思いすぎないということです。「教える」という言葉にはどうしても、師匠－弟子、先生－生徒、上司－部下と、立場的に上の人が下の人に情報を伝える、といったようなイメージがつきまといます。「教える」ことは、立場が上の人からすると面倒なものです。自分にも仕事があるのに、、自分が若い頃は教わらずに自ら学んだものだ、、、などなど。

しかし、私は特別支援学校での指導経験の中で、障害者からたくさん「学び」を得られました。人間の可能性、新たな視点、価値観、物の見方、そして教えることの難しさと楽しさ。それは、教員になりたてのかつての私だと気づかなかったことでした。

どうしたら伝わるか、どうやったら教えたことになるのか、と私たちの「教え方」を磨くのは大切ですが、片側では障害者の方々から「教わる」という思いを持ってみてはいかがでしょうか。彼ら彼女らの声に耳を傾け、気持ちをきく、理解度をきく、夢をきく、その中で必ず「教わること」に出会えるはずです。

相手から教わろうと思って教えてみると、たくさんの気づきが得られ、私たちの成長にも必ずつながります。

コラム 特別支援学校と特例子会社との探求学習

熊谷特別支援学校（以下：熊特）の「総合的な探求の時間」では、ホームセンター業界大手カインズさんの特例子会社「カインズ・ビジネスサービス（以下：CBS）」さんと協働で、「肢体不自由の人にも脱ぎ着しやすい服」を開発しています。

きっかけは、私が教員時代に頂いた1通のメールからでした。メールの送り主はCBSの國頭圭吾さん。國頭さんとは以前、障害者の就労について意見交換させて頂いたご縁がありました。

「汐中さん、一緒に何か、面白いことをしよう」

と書かれたメールには、障害者の可能性と未来を生き生きと描いた國頭さんの思いが溢れていました。

「是非とも！」

と返事をしてから、ＣＢＳの國頭さん、飯野さん、スタッフの皆さんと、熊特は私と授業者の大島先生とでプロジェクトはスタートしました。

肢体不自由の生徒には、麻痺などで肘や肩が動かしづらい人たちがいます。また体温調節が上手くできない人もいます。体温調節が上手くできないと、汗をかきやすかったり、反対に寒く感じやすかったりするため、服の脱ぎ着の頻度が多くなるのですが、肘や肩が動かしづらいため脱ぐのも着るのも大変です。

そこで、生徒の困り事を中心に服のアイデアを練り、ＣＢＳさんの縫製技術をお借りしながら「肢体不自由のある人でも脱ぎ着しやすい服」を作るに至ったのです。

私はこのプロジェクトの大きな価値は、服を作ること以外にもあると感じています。

それは、「障害のある生徒たちが、学校教育の段階で働く意義を学べること」と、「企業側が、就労前の学生と関わり、障害理解を深められること」です。

就労を目指す生徒は、実習を通して働くビジネス現場で、仕事を学ばせてもらいます。しかし、実習以外で企業と関わりながら、働くことについて学ぶ機会はほとんどないです。ただでさえ、社会との接点が少ない特別支援学校の生徒が、実習のみをもって社会に出ていくのは、教育者としていささかのもどかしさを感じていました。だから就学中に企業と接点を持ち、働くことを学ぶ機会を得られることはとても貴重と考えます。

一方、企業側も学生と協働していくことにたくさんの気づきがあるはずです。

多くの企業は、特別支援学校での活動を見ることがありません。共に働く障害者の方の中には、特別支援学校を出た人も多くいらっしゃいます。特別支援学校がどんなところで、どんな学校生活を送っていて、どんな力を養っているのかを知ることは、より広い視点で障害者を知るきっかけになります。

CBSさんは特別支援学校との接点も多く（國頭さん自身は別の支援学校の就労アドバイザーもされていました）、もにす認定（障害者雇用が優良な中小企業に対する厚労省の認定）も受けていますので、かなり深く特別支援学校について理解されていますが、それでも「新たな気づきが得られる」と言ってくださいます。

プロジェクト第1弾では、フォーマルスーツを作ることになり、生徒1人1人の身体の特徴に合わせたスーツをCBSさんが形にしてくれ、3年生はそれを着て卒業式に出席しました。

第2弾では、企業で働いている障害者の方々に合う服づくりをしたいということで、協力頂いた企業さまへのインタビューを通して、もっと多くの人に喜んでもらえる服作りをしているところです。（本書を執筆している2023年も継続中）

こういった取り組みが1校1社に留まらず、全国の特別支援学校に広がっていくと、障害者雇用や障害者理解がより進む世の中になっていくと、信じてやまないです。

おわりに

最後までお読みくださりありがとうございました。

障害のある方との「関わり方」や「仕事の教え方」について、障害者の方々の背景も踏まえながらみてきました。最後に障害者雇用の未来像について私見を述べて終わりにします。

本書が存在しているということは、現時点での世間の「障害理解」とは、「障害」についてや、「社会モデル」などの概念、障害者との「関わり方」や「教え方」を知らない人がまだまだ多いからです。障害者と私たちとの理解のギャップがまだまだあるということです。

ではこのギャップが埋まった後、どんな世界が待っているのでしょうか。遠い未来の話かもしれませんし、もしかしたら数年後には訪れる未来かもしれませんから、一緒に考えてみましょう。

私は2つあると思います。

1つは、「対話の進化」、もう1つが「自律の深化」です。

まず「対話の進化」についてです。

日本人は対話が苦手と言われます。率直な意見を言うのが苦手です。一方、率直な意見を言える人であっても、論破することに傾倒したり、必要以上に感情的になったりし、議論後に遺恨を残してしまいます。

「障害」という言葉がなくなり、多様な人たちが多様な立場で意見が述べられる公平さが担保されると、人は論破や遺恨といったことが、対話の本質ではなく無意味なものだと気づいていきます。これまでAかBかを決するのが対話であると思っていた私たちが、「AもあるしBもある、そこからCを考えていこう」という対話ができるようになるのです。相手を尊重するから、相手の意見も自分の意見も尊重し、新しい形の答えを見出せるはずです。まさにイノベーションが生まれるのです。

次に「自律の深化」です。

障害理解をするということは、他者理解をしていくことでもあります。その過程で必ずぶつかる問いがあります。

「自分は何者なのか」です。

障害のある方も同じで、自分以外の人を理解しようとする際に、「そもそも自分は何者なのか」を考えることになります。

自分を知れば知るほど、自分の可能性に目を向けられます。そして可能性ある自分を大切にしようと思い始めます。ありたい自分に近づくためには、自分をより律し、自らの価値を高めようとします。

「自律の深化」とは、いち個人に目を向けるとてもいいことです。しかし企業からすると課題になりえます。会社の未来と自分の未来が一致していないと、自律した人間ほどやりがいを感じられなくなり、その場を離れていくからです。会社は、社員の自律を望みながらも、自律した人間が離れていかないよう、もしくは離れてしまってもいつでも戻って来られるようにマネジメントしないといけません。

「障害」がなくなった先には、このような新たな世界があるはずです。今からその世界に目を向けて準備することは、組織の強化にも繋がります。

私見ではありますが、何かしらのお役に立てると幸いです。どんな未来がこようとも、学び続けていれば大丈夫です。

これからも一緒に、学んでいきましょう！

謝辞

まずはお客様に感謝を伝えさせてください。いつもたくさん学ばせていただき、本当にありがとうございます。皆様のおかげで今の自分が生かされているんだなと感じます。ありがとうございます。

教員仲間の皆さん。初任校で生意気だった私を鍛えてくれた、須佐先生、江崎先生、教え方についての基礎を叩き込んでくれた桜木泰自先生、足立区・文京区での元同僚の皆さん、ありがとうございました。右も左も分からなかった私に特別支援教育の基礎から障害者の自立まで、多くを教えてくださった恩師、山口和夫先生。教育の楽しさを一緒に体感させてくれ、教育の素晴らしさを学ばせてもらった楠絵美先生。自立活動専任として切磋琢磨してくれ、座談会にも快く付き合ってくださった自活部長の丹羽史和先生はじめ自活の先生方、元同僚の皆さん、ありがとうございました。

教え子のみんな。五日市中央小学校、中島根小学校、駕籠町小学校、深谷はばたき特別支援学校、熊谷特別支援学校で出会えた、たくさんの教え子たち。本当にありがとう。とてつもなく拙い教師で迷惑かけたけど、みんなからたくさん学ばせてもらい、みんなのおかげで成長させてもらいました。18年間の教員生活は、涙とか笑いとか色んなものがあって、キラキラと輝いています。本当にありがとう。

仕事仲間の皆さん。起業前後、独立のイロハを教えてくれ、現在もたくさんの出会いをくださっている株式会社ラーンウェルの関根雅泰さん、比企起業大学の皆さん。ありがとうございます。関根さんのように前を走ってくれている方がいるので、頑張れます。独立直後から研修講師としての可能性を見出してくれ、伸ばしてくれ、厳しくも温かく見守ってくれる、株式会社講師ビジョンの島村公俊さん。いつも本当にありがとうございます。「汐ちゃんには期待しているよ」と言ってくださった言葉、今も私を支えてくれています。ありがとうございます。

格闘技仲間の皆さん。「こんな漢になりたい」と思わせてくれる設楽博さん。西山誠人さん、村越淳一さん、林徹さん、大場那緒太さん・綾さん夫婦、練習仲間の皆さんも、本当にありがとうございます。皆さんの存在があるので、私は常に強くあろうと頑張れます。

また、本書のコラムにある特別支援学校でのプロジェクトでご協力くださった方々にも感謝したいです。株式会社カインズ・ビジネスサービスの矢野尚志さん、飯野琴美さん、スタッフの皆さん。株式会社LIXIL Advanced Showroomの八重樫祐子さん。社会福祉法人美里会の黒澤計太さん。株式会社メガテラフーズの宮腰智裕さん。同郷の尊敬すべきビジネスパーソン、株式会社タウの熊野真吾さん、小山あゆみさん。芝浦工業大学の蘆澤雄亮先生。ご縁に感謝いたします。本当にありがとうございます。

日本橋出版の大島さん。大島さんが目に留めてくださったおかげで、本書があります。本当にありがとうございます。

そして家族にも感謝です。

「俺、教員辞める」という言葉に対して「あなたは、もっと可能性を広げられる人だと思っていた」と、人生最大のわがままを受け入れてくれ、応援団長になってくれた妻の幸子さん。この本を書けることになったのも、あの日のあの言葉があったからです。本当にありがとう。あなたは妻であり、起業の先輩であり、最高の友人でもあります。ありがとう。子供たちもありがとう。「お父さんを超える」と目標にしてくれている長女の美優菜。君は十分お父さん以上のポテンシャルを持っているよ。いつも踊って和ませてくれる次女の理音菜。家を明るくしてくれてありがとう。家族のおかげで頑張ることができています。松井家のみんな、そして広島の家族も、ありがとう。

最後に、教員時代からご縁を頂いていて、2022年7月に急逝されたカインズ・ビジネスサービスの國頭圭吾さん。本当にお世話になりました。短いご縁でしたが、國頭さんが言ってくれた「仕事は誰とやるかが大切だ。汐中さんとはいい仕事ができそうだ。」という言葉、今でも胸に刻んでいます。そして、その言葉と共に、國頭さんはいつまでも私の中に居てくれます。國頭さんとの出会いがなければ、今の仕事には出会えていませんでした。たまにしんどい時「汐中さん！　チャンスは1度、人生は1度だよ！」と、心の中で國頭さんが背中を押してくれています。本当にありがとうございます。CBSの皆さん、頑張ってらっしゃいますよ!!!

最後まで読んでくださり、本当にありがとうございました!!

〈参考文献〉

中原淳『職場学習論　新装版　仕事の学びを科学する』東京大学出版会（2021）
島津明人『新版ワーク・エンゲージメント』労働調査会（2022）
川上憲人『働く人のポジティブメンタルヘルス』大修館書店（2019）
久保修一『職場にいるメンタル疾患者・発達障害者と上手に付き合う方法』日本法令（2018）
下山晴彦監修『公認心理師のための「発達障害」講義』北大路書房（2018）
二見武志『障がい者雇用の教科書　人事が知るべき5つのステップ』太陽出版（2015）
堀公俊、加藤彰、加留部貴行『チーム・ビルディング』日本経済新聞者出版社（2007）
山口裕幸『チームワークの心理学』サイエンス社（2008）
向山洋一『続・授業の腕を上げる法則』明治図書（1986）
島村公俊『10秒で新人を伸ばす質問術』東洋経済（2019）

関根雅泰『オトナ相手の教え方』クロスメディアパブリッシング（２０１５）

著者紹介

汐中義樹（しおなか よしき）

株式会社レオウィズ　代表取締役。1978年 広島生まれ。千葉大学教育学部卒業後、同大学院教育学研究科へ進学。教育学修士号取得。大学院を修了した後、小学校教諭を経て、特別支援学校に着任。障害のある児童生徒への指導、若手教員の育成や近隣校への学校コンサルテーションに従事し、教育スキル、コンサルスキルを蓄積する。児童生徒の未来でもある「障害者雇用」という社会課題を知る中で、教員の枠を超えて社会課題解決に貢献したい想いに至り、レオウィズを設立、代表に就任。現在は大手企業を中心に障害者雇用やＤＥ＆Ｉ推進のコンサルティング、指導員・相談員の方への教育研修を行う。また、地域貢献として特別支援学校と企業をつなぐ「就労支援アドバイザー」も担う。プライベートでは、美容室経営の妻と2人の娘、2匹の猫に囲まれつつ9歳から始めた空手に勤しむ。

障害のある方と共に働く
人の可能性を拡げるために必要な前提と技術

2023年9月19日　第1刷発行

著　者―――汐中義樹
発　行―――日本橋出版
〒103-0023　東京都中央区日本橋本町2-3-15
https://nihonbashi-pub.co.jp/
電話／03-6273-2638
発　売―――星雲社（共同出版社・流通責任出版社）
〒112-0005　東京都文京区水道1-3-30
電話／03-3868-3275

ISBN 978-4-434-32544-1